김 세 윤 교 수

요한복음
강해

두란노아카데미

요한복음 강해

지은이   김세윤
초판 발행   2001. 12. 6.
45쇄 발행 | 2024. 9. 13
등록번호   제302-2007-00008호
등록된 곳   서울시 용산구 서빙고동 95번지
발행처   두란노아카데미
영업부   02-2078-3333   FAX 080-749-3705
편집부   02-2078-3478

❖ 책값은 뒤표지에 있습니다.
ISBN 978-89-6491-038-2   03230

❖ 독자의 의견을 기다립니다.
academy@duranno.com   http://www.duranno.com

두란노아카데미는 두란노의 '목회 전문' 브랜드입니다.

요한복음
강해

차 례

머리말

이 책의 원본은 2000년 12월 서울 두란
노 서원에서 목회자들, 신학생들,
그리고 평신도들을 대상으로 저자가 이틀 간 강의한 것이다. 그때 녹음
한 것을 주종훈 목사가 글로 옮겨 초고를 만들었고, 저자가 그 초고를
조금 보완하고 다듬었다.

성경의 모든 책이 다 그렇지만, 요한복음같이 심오한 책은 한층 더 경
외심을 가지고 주의 깊게 강해해야 한다. 신학교에서 일 년 내내 이 책
을 강해해도 그 깊은 의미들을 다 헤아릴 수가 없다. 하물며 며칠 간의
집중 강의로 이 위대한 복음서를 얼마나 파헤칠 수 있겠는가? 이런 생
각 때문에 저자는 이 책의 출판을 주저하였다. 그러나 일선 설교자들과
지성인 평신도들을 위한 성경 강해서가 부족한 한국 현실을 지적하며
주위의 여러 사람들이 이 책의 출판을 권유하여 이렇게 출판하게 되었

머리말

다. 좀 더 시간을 들여 충분히 보완하지 못한 것이 아쉽다. 이러한 한계점들에도 불구하고 이 책이 복음을 선포하는 목사들과 전도사들, 그리고 성경을 좀 더 깊이 이해하고자 하는 평신도들에게 조금이나마 도움이 되기 바란다.

필자가 이 강의를 하도록 초청하여 주고 강의가 성황을 이루도록 잘 준비해 준 두란노 성경 대학에게, 녹음된 강의를 글로 옮기는 어려운 일을 감당한 주종훈 목사와 김태석 목사에게, 출판 실무를 수행한 두란노 서원의 박삼열 목사와 그의 동역자들에게 심심한 사의를 표하는 바이다.

| 장

요한복음의
예비적 고찰

①

심오한 책

요한 복음은 아주 오묘한 책이다. 신약성경에서 가장 어휘가 적고, 또 같은 주제들을 많이 반복하고, 같은 문장들이 약간의 변형을 통해 등장하면서 나사형으로 진전되기도 한다. 비교적 적은 어휘들로 주제를 반복하면서 전개하기 때문에 굉장히 쉽게 이해할 수 있는 책인 것 같은 인상을 준다. 더욱이 요한복음은 문화를 초월해서 온 세계 문화권에서 직관적으로 이해할 수 있는 몇 개의 상징어들(예: 빛, 암흑, 물, 떡 또는 빵, 목자)을 아주 유용하게 사용하고 있다. 그래서 그런 상징어들의 배경을 연구하지 않고 그들의 의미를 깊이 알지 못하는 사람들도 요한복음을 읽을 때 어느 정도 메시지를 터득하고 좋아할 수 있는 것이다.

요한복음이 이런 책이기에, 평신도들은 물론 신학을 어느 정도 공부한 사람들까지도 요한복음의 해석에 대한 아무런 훈련 없이 피상적으로 읽고 직관적으로 몇 가지 교훈을 얻는 데 만족하는 수준에 머무르는 경향이 있다. 한국 교회에서도 이따금 요한복음을 연구하고 강해 설교도 하는데, 상당히 피상적 수준에 머무르는 것 같다. 성경을 피상적으로 이해하는 것은 아쉬운 일이며 그것이 필연 동반하는 오해, 곧 성경을 그

룻 해석하는 것은 위험한 일이다.

그러나 요한복음을 좀 깊이 연구해 보면, 이 책이 신약성경에서 가장 심오하다는 것을 알게 된다. 그래서 어떤 신약학자들은 자신의 학문이 성숙해지는 단계인 말년에 들어서 이 복음서 연구에 몰두한다.

필자는 원래 바울 신학을 전공하고, 공관복음을 자료로 삼아 역사적 예수와 신약 기독론 기원 연구에 몰두하였다. 신약학의 나머지 부분에 대한 연구는 신약학자로서 갖추어야 할 신약 전반에 관한 포괄적 이해를 위한 정도이며, 요한복음 연구도 그 정도 수준에 있다. 사실 지금까지 필자가 요한복음을 깊고 폭넓게 연구했다고 주장하기는 어렵다. 요한복음과 관련된 분야는 학문 활동 말기에 집중 연구해 보고 싶다. 요한복음이 그만큼 심오하고 매력적이기 때문이다. 바울 신학이 지닌 매력이 있고, 공관복음이 지닌 매력이 있고, 그에 못지 않은 나름의 매력이 요한복음에게 있다. 이에 이끌려 요한복음 연구에 몰두하고 싶은 것이다.

엄밀히 말하자면 이런 짧은 강해를 통해서 이 심오한 요한복음을 자세히 다룰 수는 없다. 그러므로 지성을 갖춘 성도들에게 요한복음에 대한 기본적인 오리엔테이션과 요한복음 해석에 대한 근본적인 길잡이를 제공하고자 하는 것이 본 강해의 목적이다. 이 강해를 통해 성도들이 요한복음을 바르게 이해하고 더 깊이 연구하고자 하는 욕망을 갖게 되었으면 좋겠다. 또한 복음을 선포하는 목회자들의 설교가 더욱 풍성해지고, 평신도들의 사고가 깊어지며, 신앙이 더욱 돈독해지기를 바란다.

② 요한복음에 대한 두 관점

1) 비판적 관점

독일 계의 비판적 학자들은 요한복음이 독자적 자료를 바탕으로 쓰인 것이 아니라, 공관복음의 자료, 즉 마가나 누가의 복음에 의존해서 쓰였다고 본다. 이런 견해는 요한복음을 단지 신학적인 책이지 역사성은 없는 책이라고 결론짓게 한다.

공관복음과 요한복음 사이에서 우리는 많은 공통점과 차이점을 발견할 수 있다. 우선 가장 기본적인 공통점은 그들이 다 예수에 관한 이야기를 담고 있다는 것이다. 예수의 삶에 대한 대강은 공관복음과 요한복음 모두 같다. 예수께서 제자들을 모아 하나님의 복음을 선포하고 죄인들을 불러 모으고, 적대자들과 논쟁하고, 유월절에 유대 지도자들과 로마 총독 빌라도에 의해 체포되어, 재판받고, 십자가에 처형되고 부활하는 것은 어느 복음서나 같다. 여러 가지 미세한 사항에서도 일치점들이 많다. 성전 시위 사건, 광야에서 오천 명을 먹인 일, 병자들을 치유한 것, 그것도 주로 안식일에 치유해서 바리새인들과 서기관들과 안식일 논쟁을 많이 벌여 적대감을 산 일 등이다. 제자들의 이름도 거의 같다.

반대로 공관복음과 요한복음에는 차이점도 많다. 공관복음에서 요한복음으로 옮겨 가면 분위기가 많이 바뀐다. 공관복음에 나와 있는 예수의 주된 언어는 **'하나님 나라'** 인데, 요한복음에는 '하나님 나라'는 잘 나오지 않고 **'영생'** 이나 **'생명'** 이 주로 많이 나온다. 공관복음에서는 예수께서 하나님 나라를 **비유**로 가르친다. 요한복음에도 여러 비유가 나오나 공관복음의 비유들과 성격이 매우 다르다. 요한복음에서는 예수께서 긴 설교로 복음의 내용을 가르친다.

예수께서 하신 설교 내용이란, 주로 자기 자신에 대해 직접 주장하는 것이다. 곧 자신이 하나님에게서 보냄받은 하나님의 아들로서, 하나님을 계시하고 하나님의 구원을 이루는 분이라는 것이다. 요한복음은 이런 **'직접** 기독론적 자료'들로 가득 차 있다. 공관복음에는 예수께서 자신을 하나님의 아들이라고 직접 언급하는 곳이 없다. 단지 아주 간접적이고 은밀하게 하나님의 아들로 해석될 수 있는 표현들을 쓸 따름이다. 예컨대, 하나님을 아주 독특하게 "아빠"라고 부른다든지, 자신을 "그 '사람의 아들(人子)'"이라고 부른다든지, 죄를 용서하는 신적 권위 등을 주장해서 하나님의 통치 대행자라고 자신을 은근히 주장하는 것이 있다.

요한복음에 소개된 예수의 이적들은 공관복음과 종류는 비슷하나, 구체적인 내용은 다르다. 또 지리적으로도 다르다. 공관복음은 주로 갈릴리에서 행한 예수의 사역을 서술하고, 예루살렘에 마지막 한 번 올라가서 체포되고 처형되는 것으로 기록한다. 그러나 요한복음에는 남부 팔레스타인, 즉 유다 지방에서 예수가 활동한 것을 주로 기록하고, 그가 예루살렘에 서너 번 올라간 것으로 기록한다. 또 예수가 십자가에 달린

날도 좀 다르다. 공관복음은 예수께서 유월절, 즉 니산월 15일에 처형된 것으로 기록한다. 그러나 요한복음에는 유월절 하루 전날 처형된 것으로 나온다. 또 예수의 성전 시위 사건도 공관복음에는 예수의 공생애 마지막(마 21:12-17; 막 11:15-17; 눅 19:45-20:2)에 이루어진 것으로 기록되지만, 요한복음에는 첫머리(2장)에 나온다.

이렇게 요한복음과 공관복음 사이에는 공통점과 차이점이 많다. 그러면 이것을 어떻게 설명해야 하는가? 만약 요한복음이 독자적인 자료 없이 마가나 누가를 보고 썼다면 공통점은 공관복음서에서 따왔기 때문이고, 차이점은 요한이 마가나 누가의 복음을 고쳐 썼기 때문이라고 볼 수밖에 없다. 자신의 신학적 해석을 독자적으로 전달하기 위해 요한복음의 저자가 공관복음을 고쳐 쓴 결과로 생겼다고 봐야 하는 것이다. 따라서 요한복음은 역사적 책이라기보다는 그리스도의 의미를 독자적 방법으로 드러내고자 하는 신학적인 책으로 이해해야 한다. 그렇다면 요한복음에 있는 예수의 말씀들과 행적들에서 역사적 신빙성은 찾기 어렵고 다만 그리스도를 선포하는 신학적인 뜻만 찾을 수 있다는 것이다.

이렇듯 비판적 학자들은 요한복음을 역사적 예수에 대한 증언이라기보다는 예수 그리스도의 의미, 즉 그분이 하나님의 계시자요 구원자라는 신학적 의미를 선포하고 설교(케뤼그마)하는 신학적 책으로만 본다. 더욱이 1세기 말의 성숙한 기독교 신학을 표현하는 책으로만 보아야 한다는 주장도 있다.

그렇다면 요한복음의 저자는 예수의 제자였던 사도 요한일 수 없다는 것이다. 사도 요한의 전승을 이어받았다면 그 사도 요한의 제자, 아니면 제자의 제자 정도라는 것이다. 공동체를 이룬 요한의 제자들이 오랜 묵상과 설교로 이루어 놓은 신학을 1세기 말에 요한복음으로 기록했다는 것이다.

2) 새 관점

이러한 비판적 학자들의 견해에 대항해서 1938년 옥스퍼드 신학자 P. 가드너 스미스(Gardner-Smith)는 *John and the Synoptic Gospels*(요한복음과 공관복음서)라는 작은 책을 출판했다. 이 책에서 그는 요한복음과 공관복음의 공통 자료들을 자세히 분석했다. 예를 들어, 요한복음 6장에 나오는 광야에서 오천 명을 먹인 사건에 대한 공통 자료를 공관복음에서 분석했는데, 여기에는 차이점이 있었다. 그런데 이 차이점은 미세한 것(detail)들이었다. 가령 거기에 풀이 많이 있었다든지 안드레와 빌립 같은 등장 인물의 이름이 나오거나 그렇지 않다든지 하는 것이다. P. 가드너 스미스는 이런 미세한 차이에서 어떤 신학적 함의를 찾을 수 없다고 생각했다.

비판적 학자들의 옛 관점에 따르면, 요한복음이 공관복음을 자료로 쓰면서 신학적인 의미를 표현하기 위해서 고쳐 기록하였기 때문에 차이점들이 나타났다고 한다. 그러나 자료들을 자세히 살펴보면 요한복음과 공관복음 간의 차이점들에서 신학적 의미를 찾을 수 없는 사항들이 많다. 이런 식으로 검토한 결과, P. 가드너 스미스는 요한이 공관복음을 베껴 쓰면서 내용을 일부러 변경한 것이 아니라, 요한이 독자적인 자료에 의거해서 자신의 복음을 썼다고 결론 내렸다.

따라서 P. 가드너 스미스는 공관복음서와 요한복음의 공통점들은 같은 예수의 전승들을 다루기 때문에 당연한 것이고, 차이점들은 많은 예수 전승 자료들 중 일부 서로 다른 자료들을 선택했기 때문이라고 설명하였다. 특히 지리적으로 생각할 때, 요한복음은 예수께서 남부 팔레스타인, 즉 유다 지역에서 사역한 것을, 공관복음은 갈릴리 지역에서 사역한 것을 많이 다루고 있다. 그래서 어느 정도 차이점이 발생하는 것은 당연하다. 요한복음이 공관복음과 차이를 보이는 것은 바로 그런 독자적 자료 때문이다. 따라서 요한복음에 담긴 자료를 무조건 비역사적인 자료로 봐서는 안된다는 것이다.

물론 모두가 인정하듯이 요한복음은 오랜 과정의 묵상, 해석, 재해석을 통해 이루어진 것이기 때문에 해석되고 묵상된 층들이 깊고 많다. 이 해석의 층들을 벗겨 봐야 원래 예수께서 하신 말씀과 행적을 확실하게 보도하고 알 수 있는 것은 사실이다. 그러나 요한복음에 기록되었다고 해서 무조건 이를 비역사적인 것으로 간주해서는 안된다는 인식이 새롭게 싹트기 시작했다.

이런 P. 가드너 스미스의 연구에 근거해, C. H. 다드(Dodd) 학파는 영국 학자들 가운데 처음으로 요한복음을 새로운 관점에서 바라보자고 제안했다. C. H. 다드의 제자인 J. A. T. 로빈슨(Robinson)이란 학자가 1957년 옥스퍼드의 한 신약학회에서 발표한 논문("A New Perspective on the Gospel of John")에서 요한복음에 대해 새로운 관점을 갖자고 공식으로 제안했다.

로빈슨은 런던 교외 울리치(Woolich)에서 젊은 나이로 성공회 감독이 되었다. 그러나 1960년에 「신에게 솔직히(*Honest to God*)」라는 책을 펴내며 큰 파문을 일으켜 감독직을 사임했다. 그 뒤 케임브리지 대학에서 신약을 가르치다가 암으로 60세가 되기 직전에 죽었다. 로빈슨은 과격파 신학자로 알려진 사람이지만 신약학자로서는 아주 보수적이었다. 그는 신약이 고백하고 선포하는 바(=케뤼그마)를 20세기 당대 사고 구조에 맞게 번역해 표현해야 한다고 주장하였다. 소위 해석학 작업에 있어서는 과격파였다. 보통 로빈슨의 이런 부분만 아는 사람들은 그를 상당한 과격파로 알고 있지만, 신약 연구에 관해서는 신약의 조기 저작성(모두 AD 70년 이전에 쓰임)이나 역사적 신빙성 등을 강력하게 주장하는 아주 보수적인 학자였다.

J. A. T. 로빈슨은 요한복음이 독자적인 자료를 가지고 쓰였을 뿐만 아니라, 복음서 중 제일 먼저 쓰이기 시작했다고 주장한다. 사복음서 모두 예수가 죽은 AD 30년대부터 쓰이기 시작했는데, 요한복음은 공관복음보다 먼저 쓰이기 시작했다고 한다. 다만 요한복음이 다른 복음서에 비해 쓰이는 과정이 길어졌기 때문에 우리가 지금 가지고 있는 완성본이 제일 나중에 출판되었을 따름이라는 것이다. 그래서 예수의 어떤 자료들에 대해서는 요한복음이 더 신빙성 있게 증거한다고 본다. 공관복음과 요한복음의 자료가 상충될 경우 무조건 공관복음의 자료가 더 역사적이라고 말하기는 어렵고 요한복음의 자료가 더 역사적일 수도 있다는 것이다. 가령 공관복음에서는 예수께서 예루살렘을 한 번 방문한 것으로 나와 있는데, 요한복음에서는 서너 번 정도 간 것으로 나와 있다. 그리고 이러한 요한복음의 기록이 더 신빙성 있는 것으로 간주된다. 로빈슨은 이런 자료들을 모아서 죽기 직전 옥스퍼드에서 강연했고, 그것이 *The Priority of John*(요한복음의 우선성)(1985)이란 책으로 출판되었다.

C. H. 다드 학파의 요한복음에 대한 새 관점 운동은 특히 영미 신학자들에게 많은 영향을 주어서 요한복음 자료의 독자성을 강조하는 성향이 많아졌다. 그러나 아직도 대륙 계통, 특별히 독일에서는 옛 관점이

월등히 우세하다. 독일의 절대 다수 학자들은 요한복음이 마가복음이나 누가복음을 근거로 신학적 필요에 따라 고쳐 쓰이기도 했으며, 따라서 역사성은 별로 없는 신학적 책이라고 보고 있다. 반면에 영미 학계에서는 꽤 많은 학자들이 요한복음의 독자성을 인정하고, 요한복음이 신학적인 것은 사실이지만 동시에 기본적인 역사성도 있다고 본다.

1960년대부터 일어난 이른바 편집사 비평을 통해 공관복음서를 연구해 보면 공관복음 역시 복음 선포(케뤼그마) 책, 즉 신학적 성격을 갖춘 책임을 알게 된다. 모든 복음서가 예수의 사건을 하나님의 구원과 계시 사건으로 선포하는 신학적 책이다. 즉 '복음'이고 설교다. 그래서 복음서는 역사성과 신학성을 겸비하게 된다. 이런 점에서 공관복음서와 요한복음이 본질적으로 다르다고 할 수 없다. 복음서 모두 역사성과 신학성을 갖추고 있다. 따라서 우리는 공관복음과 요한복음을 잘 역사 비평 해서 예수의 역사를 재구성해야 한다. 예수의 부활 후, 각기 복음서가 나름의 신학성과 역사성을 예수의 죽음과 부활 관점에서 각 독자들에게 가장 적합한 방법으로 어떻게 재해석했는지를 추적해 가야 한다. 그러므로 그들의 신학화 과정을 이해하고 그들이 선포하려 했던 '복음'을 터득해야 한다. 그 다음에 우리는 그 '복음'을 오늘 우리 상황에 적합하게 다시 번역해서 효과적으로 선포하는 방법을 모색해야 한다. 네 개의 복음서에 대한 이러한 포괄적인 해석학 작업이 중요하다는 깨달음이 지난 삼사십 년 동안 보편적으로 확산되었다.

요한복음에 대한 새 관점을 가진 학자들은 요한의 역사적 자료를 상당히 중요시한다. 요한복음이 오랜 묵상 과정을 통해 쓰인 것이기 때문에, 그 묵상과 설교 층들을 양파 껍질 벗기듯 벗겨야 할 필요성이 있음을 그들은 다 인정한다. 그러나 그들은 요한복음에 그런 역사 비평 작업만 하면 그 밑바닥에 있는 예수의 행적과 가르침의 견고한 역사적 토대에 도달한다고 보았다.

이런 관점을 갖고 로빈슨의 스승이며 20세기 위대한 신약학자인 C. H. 다드가 학문적 완숙기에 중요한 두 책을 썼다. 하나는「제4 복음서의 해석(*The Interpretation of the Fourth Gospel*)」(1953)이고, 다른 하나는「제4 복음서의 역사적 기초(*The Historical Foundation of The Fourth Gospel*)」(1963)이다.

③
요한복음의 배경과 사고 구조

요한 복음에는 유대교적 배경도 있고, 헬라적 배경도 있다. 요한복음은 유대교적 배경을 가지고 발생한 복음을 헬라적 관점에서 재해석하여 헬라적 사고 구조를 지닌 지성인들에게 그리스도의 복음을 선포하는 책이다. 다시 말하면 팔레스타인에서 구약과 유대교를 모태로 해서 이루어진 복음, 즉 처음에 팔레스타인 유대교적 카테고리로 형성된 복음을 헬라적 사고 구조와 헬라적 카테고리로 번역한 책이다. 따라서 요한복음은 유대교적 근본 배경과 헬라적 관점을 잘 통합하고 있다.

1) 유대교적 배경

요한복음은 유대인 예수와 예수의 유대인 제자들이 유대와 갈릴리 땅에서 행한 사건들을 기록한다. 요한복음의 내용은 주로 남부 유다 지역에서 일어난 사건들로 구성되어 있다. 따라서 기본적으로 유대교의 절기, 제도, 관습, 신학적 개념들을 배경으로 한다. 특히 구약성경이 그 근저에 편만하게 깔려 있다. 요한복음은 가령 마태복음과 달리 구약의 구절들을 직접 인용하는 경우는 극히 드물지만, 전체적인 내용과 예수의 이야기나 가르침 하나 하나가 구약의 여러 부분들을 은유하고 있다. 예수께서 안식일, 유월절, 초막절 등의 절기들과 성전의 의미를 종말론적으로 완성한 것으로 그리고 있는 것도 뚜렷한 특징이다. 예수의 논쟁에는 당시 유대 신학자들의 논점들이 반영되어 있기도 하고, 요한복음의 여러 구절들은 랍비들의 구약 해석의 전통과 맥이 닿아 있는 것도 보여준다. 이렇게 요한복음은 구약과 유대교 사상과 긴밀히 연계되어 있다.

2) 헬라적 배경

요한복음에 나타나는 또 하나의 배경인 헬라적 배경은 플라톤적 이원론이다. 요한복음을 읽으면 소위 공간적 이원론의 언어에 도달한다. 가령 3장에서 예수는 니고데모와 대화하면서 '위'와 '아래'라는 단어를 쓴다. 니고데모가 예수의 가르침을 터득하지 못하는 것은 '아래' 세상에 속한 사람이기 때문이다. 그래서 예수께서 니고데모에게 영생을 얻으려면 '위에서' 오는 힘으로 태어나야 한다고 말한다. 3장 3절에 있는 헬라말 '아노덴(anothen)'이라는 부사는 **위로부터**라는 일차적 뜻이 있고, **다시(거듭)**라는 부차적 뜻이 있다. 요한복음의 문체적 특징 중 하나가 이런 식으로 한 단어를 이중 의미로 쓰는 것이다. 예수께서는 니고데모에게 '위로부터' 오는 힘으로 나야 하나님 나라를 볼 수 있고 하나님 나라의 생명인 영생을 얻을 수 있다고 말한다. '위로부터' 오는 힘으로 나는 것은 니고데모가 생각하는 이 세상 출생과 다른 의미이므로, 부차적으로 '다시' 또는 '거듭' 남의 뜻이 있는 것이다. '위로부터' 오는 힘에 의하여 나는 것이 가능한 이유는 예수 자신이 바로 '위에서' '아래로' 보냄받았기 때문이다. 유명한 요한복음 3:17 "하나님이 그의 아들을 이 세상에 보내셨다"는 말씀은 예수께서 '위에서' '아래로' 오셔서 '위'의 하나님의 생명을 주시게 되었다는 뜻이다. 그래서 '아래'에서 '위'의 하나님을 계시하여 '아래'의 사람들이 '위'의 하나님을 아는 지식을 얻게 되고, 그리하여 '위'의 하나님의 생명을 얻는다는 뜻이다. '위에서' '아래로' 내려오신 예수께서 십자가에 달려 '아래에서' '위로' '들림받음(들려 올려짐)'으로(요 3:13-14), 예수는 '아래에서' '위로' 올라가는 길을 열어 놓는다. 예수가 '위'로부터 내려와 '아래' 세상에 '위'로부터 오는 힘을 가져다 준다. 그 힘이 바로 성령이다(요 3:5). 예수가 이렇게 '아래' 세상에 '위'의 생명을 줄 수 있는 것은 세상을 구원하고 영생을 주시기 위해서 하나님의 아들 자격으로 이 '아래' 세상에 오셨기 때문이다. 그래서 이제 '아래'에서 '위' 세상의 지식과 생명이 가능해졌다. 이것이 '기쁜 소식(복음)'이다.

이것은 전형적으로 헬라적인 이원론적 세계관, 인생관을 배경으로 한다. 이렇게 요한복음은 구약과 유내교를 모태로 해서 생성된 복음을 헬라적 사고 구조로 번역해 놓은 책이다. 말하자면 복음을 그들의 사고 구조와 언어로 번역하고 토착화한 책이다. 헬라 사람들이 알아듣기 쉽게 **복음**을 **상황화**(contextualization)한 책이다.

존재론적 또는 공간적 이원론은 플라톤으로 대표되는 헬라 사상의 특징이다. 이것은 '위'의 세계(이데아, 진리 또는 본질의 세계, 빛의 세계, 영혼의 세계, 영원의 세계, 변화가 없는 세계)와 '아래'의 세계(본질의 반영인 현상, 곧 그림자, 모조품, 가짜의 세계, 암흑의 세계, 물질의 세계, 시간의 세계, 변화가 있는 세계)로 구분하는 세계관이다.

일반적으로 대학에서 철학 개론 시간에 맨 처음 배우는 개념이 헬라 고대 철학에서 생긴 플라톤의 이원론이다. '위'는 이데아, 곧 본질의 세계이고, '아래'는 본질의 모조품 또는 그림자의 세계다. '위'는 영혼의 세계이고 '아래'는 물질의 세계이다. '위'가 본질의 세계이므로 진리(aletheia), 즉 실체(reality)이고 진짜의 세계이다. '아래'는 그림자이므로 실체가 아닌 환상(illusion)에 불과한 세계, 즉 가짜의 세계다. 단지 진짜처럼 보일 뿐이다. 바로 현상(phenomena)의 세계이다. 그러므로 '아래' 가짜의 세계에서는 진리에 대한 참 지식이 가능하지 않다. 그래서 암흑의 세계라고도 한다. '위'는 참 지식이 가능한 빛의 세계라고 한다. '위'는 영원의 세계이고 '아래'는 시간의 세계이다. '아래'의 시간의 세계는 변화의 세계이다. 시간과 공간의 제약 속에 있다. 그렇기에 이 '아래'의 세계에서는 나고 늙고 병들고 죽는 일들이 있다. 이런 '위'와 '아래'의 이원론적 세계관이 바로 플라톤이 정의한 전형적인 헬라적 세계관이다.

이런 세계관에서는 인생을 소우주(micro-cosmos)로서, '위' 본질 세계의 영혼이 "아래"의 물질인 몸 속에 타락해서 갇혀 있는 것으로 본다. 몸 속에 인간의 진정한 자아인 영혼이 갇혀 있기에 인간은 시간과 공간의 제약을 받는다. 몸은 물질적이고 영원하지 못할 뿐 아니라, 악하기까지 하다고 본다. 왜냐하면 본질적으로 진정한 자아인 영혼을 가두고 있기 때문이다. 이것 때문에 몸을 영혼의 무덤 또는 감옥이라고 말하기도 한다. 인간의 문제는 바로 영혼이 몸에 갇혀 있는 데 있다고 보는 것이다.

인간론이 이렇게 설정되고 인간의 근본 문제가 이렇게 정의되면, 구원론은 자연히 영혼이 몸에서 해방되어 '위' 세상으로 복귀하는 일로 정의된다. 이런 구원은 **지식**을 통해 얻는다고 본다. 지식은 근본적으로 '위'의 본질의 모조품에 불과한 '아래' 세상의 현상들 또는 물질적인 가치들이 진짜가 아니고 가짜라는 것을 아는 일이다. 그렇기에 지식은 인간으로 하여금 '아래' 세상의 가치들에 얽매이지 않게 한다. 곧 그들로부터 자유로워지게 해 준다. 이렇게 해서 영혼이 이 '아래' 세상의 몸에서 분리되고 자유로워지게 된다. 이렇게 영혼이 '위' 세상으로 복귀해서 구원을 얻는다는 것이 플라톤적 구원론이다.

나는 헬라적 관점이 한국 사람들에게 불교를 통해 큰 영향을 준 인도 철학과 비슷하다고 본다. 인도 힌두교와 그 배경에서 나온 불교는 체계가 아주 비슷하다. 일원론에서 이원론으로 진화하는 과정은 헬라적 세계관뿐 아니라 힌두교나 불교와 같은 인도 철학에도 마찬가지로 나타난다. 본질인 '브라만(Brahman)'의 다양한 투영(projection)이 우리가 경험하는 다양한 현상들이다. 불교 용어로 말하면 삼라만상이다. 이것들은 모두 시간성의 존재로 변화의 노예다. 그래서 불교 용어로 나고, 늙고, 병들고 죽고 하는 사고(四苦)가 있으며, 다시 나고, 늙고, 병들고 죽고 하는 영겁의 윤회가 있는 것이다. 여기서 구원이란 이런 시간적 존재에서 탈피하는 것을 말한다. 영겁의 윤회를 끊고 본질 세계로 귀환하는 것이다. 이것은 지식으로 이루어진다.

힌두교 최고 경전은 '베다(Veda)'인데, 이것은 헬라어 'oida(지식)'와 같은 뜻이다. 산스크리트어와 헬라어는 연결된 언어다. 둘 다 아리안족의 말로 근본적으로 유사한 철학과 종교 체계를 낳았다. 지식이란 깨달음, 즉 각(覺)이다. 삼라만상이 헛것, 곧 가짜라는 것을 깨닫는 것이다. 삼라만상에게 매력을 느껴 끌리는 것을 끊고, 나아가서는 연을 끊는 것이다. 물욕, 권력욕, 색욕 등 모든 것을 끊고, 나 자신의 본질적 자아인 영혼이 자유함을 얻어 우주의 본질에 합일되는 것이다. 다시 말해 현상으로서의 나를 없애는 것으로 이를 '열반'이라 한다. 그래서 불교의 열반에 대한 용어는 입적, 몰아, 무아 등 다 부정적인 언어이다. 이와 같이 지식으로 이루어지는 구원과 관련해서 헬라적 이원론 체계나 힌두교와 불교 체계가 유사하다.

이런 헬라적 이원론 사고 구조를 가지고 살아가는 사람들에게 그리스도의 복음을 선포하는 것이 바로 요한복음이다. 그래서 그리스도 안에서 일어난 구원과 계시의 사건을 헬라적 사고 구조로 번역해서 설명하였다. 요한은 헬라적 사고를 가진 자에게 예수 그리스도의 사건은 '위'의 영과 진리와 영원이 이 '아래'의 물질과 현상과 시간의 세계에 침투하여, '위'의 참 지식과 생명을 가져온 사건이라고 선포한다. 그래서 이 '아래' 세상에 참 지식과 생명의 가능성이 열리게 되었다는 것이다. 이런 생명의 가능성은 예수 그리스도를 보고 믿어 하나님을 앎(지식)으로 현실화된다. 이것이 바로 요한이 선포하는 '복음,' 기쁜 소식이다.

요한복음의 저자 및 저작 과정

S. S. 스몰리(Smalley)는 요한복음이 세 단계로 쓰였다고 본다. 먼저 요한복음에서 예수로부터 "사랑받는 제자"로 나오는 세배대의 아들 사도 요한이 예수 전승, 곧 예수의 가르침과 행적을 에베소에서 그의 제자들에게 해석하며 가르치고 기록했다는 것이다. 다음에 요한의 제자들이 요한에게 받은 전승을 더 깊이 묵상하고 해석하여 기록했다고 한다. 그리고 요한이 죽은 뒤에 에베소에서 요한의 공동체가 내용을 더욱 발전시키고, 요한복음 1:1-18의 로고스 머리말(Prologue)과 21장의 부록(Epilogue)을 덧붙여서 완성했다는 것이다.

R. E. 브라운(Brown)은 가톨릭 학자인데, 그가 두 권으로 쓴 요한복음 주석은 30여 년 진에 쓰였는데도 아직까지 영어로 쓴 주석 가운데 가장 방대하고 탁월한 책으로 인정받는다. 그는 위의 세 단계 중간에 두 단계를 더 상정하여 요한복음이 다섯 단계로 쓰였다고 한다.

하여간 요한복음은 사도 요한의 기본 증거에 근거하는 것인데, 그의 제자들과 교회 공동체가 그 기본 증거에 대해 예수 그리스도의 부활의 빛에 비추어 그리고 성령의 인도하심에 대한 확신 가운데 오랫동안 묵상하고 해석하고 설교한 결과물로서, 예수 그리스도 안에 이루어진 하나님의 계시와 구원의 뜻을 더욱 환히 밝히고, 특히 헬라인들에게 더욱 설득력 있게 선포하기 위해 쓰인 '복음'의 책이다.

11장

요한복음의
구조와 서론(1장) 강해

① 서론: 머리말(1:1-18)과 증언들(1:19-51)

요한 복음은 크게 네 부분으로 되어 있다. 첫째는 머리말(Prologue ; 1 : 1-18)과 증언들(1 : 19-51)로 이루어진 서론(1장)이고, 둘째는 본론으로 두 부분으로 되어 있는데 제1권은 표적들의 책(2 : 1-12 : 50), 제2권은 영광의 책(13 : 1-20 : 31)이며, 마지막은 부록(21장)이다.

1) 머리말(1:1-18)

헬라 독자를 위한 오리엔테이션

머리말은 로고스(Logos : '말씀')라는 개념을 동원해서 헬라 지성인 독자들에게 앞으로 전개될 요한복음에 대한 오리엔테이션을 주기 위한 것이다. 2장부터 20장까지 서술하는 예수 그리스도의 사건이란, 영원한 신(神)적 로고스가 성육신하여 하나님의 계시와 구원을 이룬 사건이라고 이해하는 것을 돕기 위해서다. 이 부분은 요한복음의 제일 마지막 단계에서 덧붙여졌다. 요한복음 마지막 편집과 출판 이전 단계에서는

1:6부터 시작되었을 것이다. "하나님께로서 보내심을 받은 사람이 났으니 이름은 요한이라 저가 증거하러 왔으니, 곧 빛에 대하여 증거하고 모든 사람으로 자기를 인하여 믿게 하려 함이라 그는 이 빛이 아니요 이 빛에 대하여 증거하러 온 자라"(요 1:6-8). 그 다음 15절로 이어진다. "요한이 그에 대하여 증거하여 외쳐 가로되 내가 전에 말하기를 내 뒤에 오시는 이가 나보다 앞선 것은 나보다 먼저 계심이니라 한 것이 이 사람을 가리킴이라 하니라." 다음은 19절로 연결된다. 이렇게 요한복음 1:6-8, 15, 19절을 순서대로 읽어 보면 모두 잘 연결되는 세례 요한의 증거이다. 요한복음은 원래 이렇게 시작되었다. 이것은 공관복음과 일치한다. 공관복음도 모두 세례 요한의 증거로 시작한다. 물론 마태복음과 누가복음에는 예수의 탄생 기사가 있는데, 각각 마지막 단계에서 덧붙여진 서론이다. 요한복음은 이렇게 원래 있던 세례 요한의 증거인 서론 부분에 로고스에 대한 머리말을 덧붙여 썼다. 헬라 지성인 독자들에게 이 복음서를 올바르게 이해하는 오리엔테이션, 길잡이를 주기 위해서이다.

로고스는 헬라 플라톤 철학이나 스토아 철학에서 중심 되는 개념 가운데 하나이다. 로고스는 '합리적 생각과 그 생각의 외적 표현인 말' 을 뜻한다. 즉 '사상과 말을 함께 나타내는 것' 이다. 이 로고스는 우주에 편만한 이치이며, 그것의 씨가 인간의 영혼에 있다고 보았다. 그래서 인간은 우주의 로고스를 이해할 수 있으며 그 이치를 터득하여 지식을 얻을 수 있다고 보았다. 그러므로 로고스는 계시의 수단이다. 로고스가 계시해서 지식을 얻는다. 지식은 헬라 철학에서 구원의 수단이므로, 로고스는 또한 구원의 수단이기도 하다. 요한복음의 머리말은 하나님의 창조와 계시와 구원의 수단(또는 일꾼)인 로고스가 성육신하여 하나님을 계시하고 그의 구원을 이루어, 우리가 이제 하나님을 알고(지식) 구원을 얻게 되었다고 선포하며, 이것이 이 복음서에 서술된 예수 그리스도의 사건의 의미라고 소개한다.

구약의 말씀 및 지혜 신학 그리고 헬라(Platonism/Stoicism)의 로고스 사상을 공히 배경으로 함.

요한복음의 머리말에 나타난 로고스 사상을 얼핏 보면, 헬라 사람의 관점에서는 자신들에게 익숙한 헬라 철학의 로고스를 말하는 것 같은데, 실제로 한 꺼풀 벗겨 보면 구약과 유대교적 개념이다. 즉 구약에서 보이는 하나님의 말씀과 하나님의 지혜 사상을 나타내는 말이다. 창세기 1:1은 하나님이 "태초에 말씀으로 하늘과 땅을 지으셨다"고 천명한다. 하나님의 말씀은 하나님의 창조 수단이었다. 또한 하나님의 말씀은 하나님의 계시 수단이기도 하다. 하나님의 말씀은 모세 율법으로 잘 표현되었다. 하나님의 말씀인 율법을 잘 연구하고 그 뜻을 터득해서 그 뜻에 맞게 살아가면 구원을 얻는다. 따라서 하나님의 말씀은 구원의 수단이기도 하다. 구약적 의미로 하나님의 말씀은 **창조**와 **계시**와 **구원**의 수단이다. 이 세상은 하나님의 말씀으로 지음받았기에 그 말씀을 띠고 있다. 이것을 자연 계시 또는 일반 계시라고 한다. 특별히 주어진 하나님 말씀이 모세에게 주어진 율법이요 선지자들에게 주어진 말씀인데, 이것이 특별 계시인 성경이다. 자연에 나타난 하나님 말씀이든 아니면 성경에 나타난 하나님 말씀이든 그것을 잘 터득해서 그대로 살아가는 것이 곧 구원이 된다.

또 지혜 문서에서는 하나님은 세상을 그의 지혜로 창조하셨다고 한다. 가령 잠언 8장을 보면 하나님이 세상을 지혜로 지으셨다고 한다. 그러므로 이 세상은 하나님의 지혜를 띠고 있다. 온 세상이 하나님의 오묘한 지혜를 띤다. 그래서 이 세상에는 오묘한 지혜와 이치와 조화와 질서가 있다. 이런 지혜로 하나님을 알게 된다. 구약에서는 지혜의 근본은 하나님을 알고 경외하는 것이라고 한다(잠 1:7). 지혜가 하나님을 계시하기 때문에 지혜 있는 자는 하나님을 안다. 반대로 시편 14편을 보면 그 마음에 하나님이 없다고 하는 자는 어리석은 자라고 한다. 지혜를 받지 못해서 하나님을 모르는 바보이다. 따라서 지혜가 계시의 수단이 된다. 지혜 있는 자는 하나님을 알고 하나님을 경외하고 하나님을 의지한다. 지혜를 받지 못한 자는 하나님을 알지 못하고 경외하지도 못한다. 하나님을 알게 하고 경외하게 하는 지혜대로 살면 구원을 받는다. 지혜 문서에서는 구원받은 자들을 가리켜 하나님의 자녀라고 한다. 즉 하나님의 말씀과 마찬가지로 하나님의 지혜가 하나님의 창조와 계시와 구원의 수단으로 이해되었다.

유대 신학은 하나님의 말씀과 지혜를 실체화해서 인격화한다. 하나님의 말씀(dabar/logos)은 남성 명사이기 때문에 하나님의 아들이라 하고, 지혜는 여성 명사(khokma/sophia)이므로 하나님의 딸이라고 한다. 이것을 유대 신학에서는 그림으로 표현한다. 가령 잠언 8장을 보면, 지혜가 하나님의 딸로서 하나님의 어좌(御座) 앞에서 재롱을 부리는 것으로 그려진다. 초월의 하나님이 이 세상에 보내서 하나님의 일꾼(agent)이 되어, 하나님의 일을 대행하게 한다. 이렇게 구약과 유대 신학에서는 하나님의 말씀과 지혜의 개념들을 동원하여 초월자 하나님의 내재함을 표현하려고 했다. 하나님은 초월자시며 동시에 내재하시는 분이라는 것이 구약신론의 기본이다. 그러면 초월자가 어떻게 이 피조세계에 내재하시고 그것과 관계하시느냐? 바로 자신의 아들인 말씀을 통해서, 또는 자신의 딸 지혜를 통해서 이 세상에 자신을 계시하시고 구원 활동을 하신다고 생각하였다.

이렇게 초월자의 내재함을 나타내는 신론을 천명하기 위해 신약을 전후한 유대교 신학에서는 점진적으로 이위일체론적 신론(Binitarianism)을 발전시켰다. 이 신론은 하나님과 그 아들 말씀, 또는 하나님과 그 딸 지혜를 설정한 것이다. 하나님의 말씀과 지혜는 하나님의 일꾼(agent)으로서 하나님의 일을 한다. 이들이 나타내는 뜻은 곧 하나님의 뜻이고, 이들의 일은 곧 하나님의 일이다. 그래서 하나님의 말씀과 지혜는 하나님의 계시와 구원의 중보자(mediator/agent)가 된다. 요한복음의 머리말은 바로 이러한 구약과 유대교의 하나님의 말씀과 지혜 사상을 반영한다.

그래서 요한복음의 머리말은 헬라의 플라톤 철학이나 스토아 사상으로 읽어도 잘 이해할 수 있으며, 구약의 말씀과 지혜의 관점에서 읽어도 잘 이해할 수 있다. 헬라 사상과 유대 사상이 놀랍게 **융화**(integration)되어 있기 때문이다. 이것은 구약과 유대교의 신학적 배경에서 형성된 복음이 헬라적 개념으로 완벽하게 번역되고, 토착화된 가장 좋은 모델이다. 흔히 신학자들이 복음을 상황화, 토착화한다고 하는데, 이런 주장을 하는 사람들 중 다수는 성경을 많이 연구하지 않고 문화인류학적 관점에서만 논지를 펴는 경우가 많다. 그러나 신약성경을 직접 들여다보면 복음의 토착화 또는 상황화에 대한 놀라운 모델들을 발견할 수 있다. 요한복음 외에도 바울 서신과 히브리서, 요한계시록 등이 다 그렇다. 따라서 오늘날 우리 상황에 복음을 잘 적용하려면 신약성경의 **토착화와 상황화**에 대한 다양한 사도적 모델들을 많이 연구해 봐야 한다.

창조, 계시, 구원의 중보자인 로고스(1:1-5)

로고스의 성육신은 하나님의 은혜와 계시(영광)의 사건으로서 참 지식과 구원의 가능성을 이 아래 세상에 열어 놓은 사건이다. 신성을 지녔고 창조와 계시와 구원의 중보자인 로고스가 인간이 되어 이 세상에 왔기에 이제 우리가 이 아래 세상에서 하나님을 알고 그의 구원을 덕 입게 되었다는 뜻이다. 2장부터 20장까지 서술하는 예수 그리스도의 사건이 바로 이 '복음,' 기쁜 소식을 선포한다는 것이다(1:1-18).

요한복음 1:1-5을 보면 로고스가 하나님과 함께하는 신적 존재이자 창조의 중보자, 계시의 중보자라고 나와 있다. 로고스는 영원히 하나님과 함께하는 신적 존재이다.

새 하나님 백성의 창조(1:9-13)

로고스가 아래 세상에 들어오고 있었다(1:9). 이 내용은 삼중으로 해석되어야 한다. 창조, 이스라엘의 특수 구속사, 예수의 성육신적 측면에서 동시에 이해되어야 한다. 이 빛(하나님의 계시자인 로고스)이 세상에 있었는데 세상이 그로 말미암아 지음을 받았음에도 이 세상은 그를 알지 못했다(1:10).

여기서 요한복음의 첫 프로그램적 선언(programmatic statement)이 이루어진다. 요한복음 1장에서 요한복음 전체의 내용을 제시하는 프로그램적 선언이 세 번 이루어진다. 그 가운데 처음이 바로 11-12절에 나온다. 이 빛이 자기 것들에 왔는데 자기 것들이 그를 영접하지 않았다. 하나님의 말씀이 이 세상에 왔는데 세상이 그를 알지 못했고, 받아들이지 않았다. 여기서 자기 것들은 이중 의미를 지닌다. 하나는 세상을 뜻하고, 다른 하나는 유대인들을 뜻한다. 세상이 로고스로 인해 지음받았으므로 그의 것이라 할 수 있고, 유대인들은 하나님의 특별한 백성으로 선택되었으므로 더더욱 그의 것이라 할 수 있다.

그런데 유대인과 세상은 무슨 관계인가? 요한복음에서 '유대인'은 세상의 대표로 나타난다. 따라서 유대인들이 예수를 거부한 것은 세상 전체가 예수를 거부한 것을 뜻한다. 자기 것들, 자기 백성들에게 왔는데, 자기 백성들이 그를 영접하지 않았다. 11절이 바로 그 내용이다. 그러나 그를 영접하는 자들에게는 하나님의 자녀가 되는 권세를 주셨다. 그를 영접한다는 것은 그의 이름을 믿는 것이다(12절). 다수의 유대인들이 예수를 거부했는데 이것은 세상 전체가 예수를 거부한 것을 뜻한다. 그러나 일부 소수가 그를 영접했는데, 그들에게는 하나님의 자녀가 되는 권세를 주신다.

하나님의 자녀란 원래 **언약 개념**이다. 원래 이스라엘이 하나님의 자녀이지만 여기서 분리가 일어난다. 이스라엘도 하나님의 아들 즉 하나님의 말씀으로 오신 분을 영접함으로써 스스로 하나님의 자녀들이라고 증명하는 소수와 아브라함의 육신적 자손이지만 하나님의 말씀을 거부함으로써 스스로 언약을 어겨 하나님의 백성 된 자격을 상실하는 다수로 나뉜다. 요한복음에서는 이렇게 예수를 거부함으로써 하나님 백성과 자녀 되는 자격을 상실하는 자들을 '유대인'이라고 한다. 그리고 유대인들 가운데 예수를 받아들여서 예수를 믿음으로 참 하나님의 백성 된 자들을 '이스라엘인'이라고 한다. 이렇게 요한복음 내에서 두 단어가 상반되게 사용된다. '이스라엘(인)'은 참 하나님의 백성, 그리스도를 믿는 자들, 그리스도의 계시를 받아들이고 그의 구원을 덕 입은 자들이고, '유대인들'은 육신적으로는 아브라함과 이삭과 야곱의 자손이지만 실제로 예수를 거부함으로써 하나님의 백성 됨과 자녀 됨의 권리를 상실하고 도리어 하나님께 대적하는 이 세상의 대표들로 나타나는 자들이다. 예수는 바로 '유대인들' 과 대적했다.

이렇게 1장 11-12절은 요한복음의 첫 프로그램적 선언인데, 11절까지는 주로 본론의 제1권 '표적들의 책' (2:1-12:50)을 미리 소개하고 있다. 표적들의 책은 예수께서 자신을 이 세상에 **계시함**이 그 내용이다. 자기 백성에게 와서 자기를 계시함을 보여 주는 책이다. 그러나 그의 계시를 받은 사람들 대다수가 예수를 거부한다. 그래서 표적들의 책을 넘어 '영광의 책'을 열면, 그 첫머리 13:1에 "유월절 전에 예수께서 자기가 세상을 떠나 아버지께로 돌아가실 때가 이른 줄 아시고 세상에 있는 자기 사람들을 사랑하시되 끝까지 사랑하시니라"는 말이 나온다. 표적들의 책에서 예수의 계시 활동에도 불구하고 받아들이지 않은 다수는 이미 떨어져 나갔고, 본문 13장의 주의 만찬 석상에 남은 열둘(이 가운데도 하나가 곧 떨어져 나가는데), 이들 소수가 대표하는 '자기 것들,' 자기 백성인 그들을 예수께서 끝까지 사랑했다는 뜻이다.

그래서 1:12이 바로 '영광의 책' (13:1-20:31)을 대표하고 있는 것으로 볼 수 있다. 예수를 받아들인 그 소수에게 예수께서 어떻게 하나님의 자녀 되는 권세를 주는가? 바로 **십자가 죽음**으로 준다. 이것이 대속과 새 언약의 제사가 되어서 그들을 새 언약에 의한 하나님의 자녀가 되게 한다. 이것이 영광의 책의 내용이다. 이런 점에서 1장 11-12절은 요한복음 전체의 첫 프로그램적 선언(programmatic statement)이 된다. 13절에서는 하나님의 백성들이 어떻게 이루어지는지를 말해 주는데, 그것은 하나님에 의한 새 창조라고 한다.

성육신 한 로고스 – 하나님의 은혜와 계시 사건(1:14-18)

그리고 유명한 1장 14절의 선언이 나온다. "말씀이 육신이 되어 우리 가운데 거하시매 우리가 그 영광을 보니 아버지의 독생자의 영광이요 은혜와 진리가 충만하더라." 여기서 독생자는 독종자(獨種子)를 뜻한다. 원문의 'monogenes'에서 'genes'는 '낳다'라는 뜻이 아니고 '種'이라는 뜻이다. 말하자면 종류로서는 하나밖에 없는 아들을 뜻한다. 동시에 사랑받는 아들이라는 뜻도 있다. 이것은 요한복음이 선포하는 복음의 요약이요, 두 번째 프로그램적 선언(programmatic statement)이다. 위 세계의 영원한 하나님 편에 있으며 하나님의 창조와 계시의 중보자인 신적 로고스(1:1-3)가 아래 세상에 오셔서 물질인 육신이 되셨다는 것이다. 헬라적 이원론을 다시 생각하면, 위 세계의 본질인 진리(aletheia: 실체: reality)가 아래 세계의 물질인 가짜, 즉 육신의 세계로 들어온 것이다. 영원이 시간 속에 들어와 시간 속에 있게 되었으며, 육신이 진리(실체: reality)를 띠게 되었다. 즉 로고스가 빛을 가져와서 이 암흑의 세계에서 참 지식을 가능케 했다. 그래서 위 세상의 생명(영생)을 죽음의 세계인 아래 세상에서 얻게 되었다. 이것이 예수 그리스도 사건이다. 앞으로 요한복음 2장부터 20장까지 서술하려는 사건은 바로 위의 창조와 계시의 중보자인 하나님의 아들이 아래에 와서 육신이 되어 하나님을 계시하고 그의 구원을 이룬 사건이다. 헬라적 사고에 따르면 아래 세상에서 지식을 얻어 영혼이 위로 귀향함으로 구원을 얻는다고 하는데, 바로 그것이 예수 그리스도에 의해 가능해졌다는 것이다.

이 아래의 가짜 세상에서는 우리에게 구원을 가져다 주는 참 지식을 얻을 수가 없다. 그런데 위 세상의 신적 로고스, 즉 하나님의 아들이 육신이 되어 아래 세상에 오셔서 하나님을 계시하였으므로 우리가 그 지식을 얻게 되고 그리하여 구원을 얻게 된다. 그러므로 로고스의 성육신 사건은 순전히 은혜의 사건이다.

유대교적 율법 체계와 헬라적 인본주의를 동시에 배격(1:17-19)

아래의 가짜 세상에서는 참 지식이 가능하지 않다. 아래 세상에서 위 세상의 진리인 신을 알 수 없다. 1장 18절 전반부("본래 하나님을 본 사람이 없으되 …")가 헬라인들에게 선언하는 바는 그들의 철학자 또는 지혜자 누구도 신에 대한 참 지식을 얻지 못했다는 뜻이다. 플라톤도, 그의 스승인 소크라테스도 하나님을 보지 못했다. 아래의 암흑, 현상, 물질, 가짜 세계에서 진리에 대한 지식을 얻어 위 세상에 이를 수 없다는 말이다. 이렇듯 1장 18절 내용은 헬라 체계 전체에 대한 부정이다.

이것은 동시에 구약 모세 체계에 대한 부정이기도 하다. 모세 율법에 대한 연구와 신실한 순종을 통해서 하나님에 대한 참 지식을 얻고 구원을 얻는다는 사상을 부정한다. 모세도 하나님을 보지 못했다. 겨우 하나님의 뒷모습 또는 그림자나 보았다고 할 수 있을 정도다(출 33:22-23). 그러므로 모세도 하나님에 대한 완벽한 지식을 전달할 수 없다.

그런데 오로지 하나님과 하나인 독종자(獨種子)이며, 하나님의 아들이 되는 분이 성육신 하여 하나님을 이 아래 세상에 계시하셨다. 이로써 하나님에 대한 참 지식이 가능해졌고, 인간이 하나님을 볼 수 있는 가능성이 열리게 되었다. 그것은 곧 하나님의 **본질**을 보는 사건인데, 본질의 계시 상태인 하나님의 **영광**을 보는 것이다. 하나님의 본질이 계시될 때 하나님의 위대하심(majesty)이 우리를 압도한다. 그래서 우리로 하여금 하나님을 하나님으로 인식하고 찬탄하게 한다. 이렇게 우리로 하여금 하나님을 알고 그의 위대하심에 찬탄하게 할 하나님의 계시, 곧 하나님의 영광이 나타났다. 예수 그리스도 사건이 바로 그것이다. 하나님의 독종자(獨種子), 즉 하나님이신 하나님의 아들을 통해 하나님이 보여졌다. 하나님의 본질이 드러나 그분의 영광이 나타났다. 이 그리스도 사건으로 인해 우리는 하나님의 영광, 계시된 하나님의 위대함을 볼 수 있게 되었고, 비로소 우리의 구원을 위한 진정한 지식이 가능해졌다.

플라톤은 그의 「대화록」에서 현상 세계를 잘 관찰하고 진리를 터득해서 가짜를 인식하고 영혼이 자유로워져 본향으로 돌아간다고 적고 있다. 그러나 이것은 전혀 불가능한 일이다. 아무도 하나님을 본 일이 없고 또 볼 수가 없다. 그런데 여기 하나님을 볼 가능성이 열렸다. 요한은 "율법은 모세로 말미암아 주신 것이요 은혜와 진리는 예수 그리스도로 말미암아 온 것이라"(1 : 17)하고 말한다. 아무도 하나님을 본 일이 없다. 모세도 하나님을 직접 보지 못했다. 단지 하나님의 뒷그림자만 보았다. 따라서 율법은 하나님의 뒷그림자만 보게 할 뿐이다. 진정한 계시와 진정한 구원은 예수 그리스도를 통해서 가능해졌다. 바로 이것을 2장에서 20장까지 진술한다.

이것은 순전히 은혜의 사건이다. 인간이 아래 세상에서 모세 율법을 지킴으로써 스스로 이루는 자력(自力) 구원도 있을 수 없고, 헬라 사상대로 철학을 하여 지식을 얻어 위로 올라가는 자력 구원도 있을 수 없다. 오늘날 인본주의자들이 생각하는 식으로 지식(과학과 기술)을 쌓고 선행(문화 발전)을 장려하여 인류가 구원을 얻을 수 있는 것도 아니다. 진정한 구원은 오직 초월자이시며 온전한 자이신 하나님에게서만 올 수 있다. 그러므로 그것은 위에 계시는, 즉 초월의 하나님으로부터 일방적인 은혜로 주어질 수밖에 없다. 그런데 예수 그리스도의 사건은 영원한 신적 로고스가 성육신 한 것으로 바로 그 은혜의 사건이 되는 것이

1. 서론: 머리말과 증언들

다. 다시 말해 하나님이 온 세상을 구원하시고자 자신의 아들을 이 세상에 보내신 사건(3:16)이고 이로 말미암아 이제 이 아래 세상에서 하나님을 볼 수 있는 가능성, 하나님에 대한 지식을 얻고 그 지식으로 말미암아 구원을 얻을 수 있는 가능성이 열렸다. 그것이 바로 기쁜 소식인 '복음'이다(14절). 이렇게 17-18절은 14절을 부연한다.

이 머리말로 요한은 그가 이제 선포할 복음의 내용을 요약하여 헬라 지성인들에게 그들의 언어로 설명해 준다. 그들로 하여금 복음을 옳게 이해하도록 손잡이를 제공하기 위해서이다.

2) 증언들(1:19-51)

여기서는 세례 요한과 예수의 첫 제자들이 예수를 보고 한 신앙 고백들을 모아 놓음으로써, 독자들에게 2장부터 20장까지 그려진 예수 그리스도를 그의 첫 제자들과 같이 '와서', '보고', 그들을 따라 신앙 고백함으로 예수의 제자가 되라는 오리엔테이션을 주고 있다. 이 신앙 고백들은 동시에 예수에 대한 증언들이기도 하다. 그러므로 독자들은 2장과 20장 사이에서 요한이 기술하는 하나님의 계시와 구원 사건으로서의 예수의 삶과 행적, 즉 복음을 제대로 이해하여 첫 제자들의 증언들을 확인하고, 그들과 같은 방식으로 신앙 고백 하고 증언해야 한다는 것을 본문은 가르치고 있다.

우선, 세례 요한은 예수를 "세상 죄를 져 없애는 하나님의 어린 양"으로 고백한다(1:29, 36). 이어서 예수의 제자들은 구약과 유대교의 메시아 사상을 반영해서 예수가 바로 모세와 선지자들의 책에서 예언되고 약속된 바로 그분이라고 고백하기도 한다(1:45). 또 "우리가 메시아를 만났다"(1:41)고 하며, 예수가 곧 메시아라고 고백하기도 한다.

43절에서 51절까지의 대화는 증언들 부분에서 클라이맥스를 이룬다. 거기에 빌립이 나다나엘을 발견하고 그에게 나사렛 출신의 예수에 대해 "모세가 율법에 기록하였고 여러 선지자가 기록한 그 이를 만났다"(45절)고 한다. 이것에 대해서 나다나엘은 "나사렛에서 무슨 선한 것이 날 수 있느냐"(46절)고 답한다.

본디 메시아는 베들레헴 출신이라고 되어 있는데 나사렛에서 메시아를 발견했다는 것은 성경과 일치하지 않는다는 뜻이다. 이런 토론에 예수께서 개입한다(47절). 예수께서 나다나엘이 자기에게 온 것을 보고 '참 이스라엘 사람'(47절)이라고 말씀한다. 이것에 대해 나다나엘이 "어떻게 나를 아시나이까"(48절)라고 되묻는다. 예수께서는 "빌립이 너를 부르기 전에 네가 무화과나무 아래 있을 때에 보았노라"(48절)고 대답하였다. 이에 나다나엘이 "당신은 하나님의 아들이시요 이스라엘의 임금이로소이다"(49절) 하자 예수께서는 "내가 너를 무화과나무 아래서 보았다 하므로 믿느냐 이보다 더 큰 일을 보리라"(50절)고 말씀한다.

그 '더 큰 일'이란 예수께서 51절에 약속하시는 바이다. "진실로 진실로 너희에게 이르노니 하늘이 열리고 하나님의 사자들이 인자 위에 오르락내리락하는 것을 보리라." 이 말씀은 요한복음 서론에 나오는 세 번째 프로그램적 선언(programmatic statement)이다. 예수는 나다나엘의 고백(예수는 하나님의 아들/이스라엘의 왕)을 불러일으킨 계시보다 더 큰 계시를 약속함으로써, 그 고백보다 더 큰 고백이 필요함을 암시하고 있다. 나다나엘이 예수를 하나님의 아들/이스라엘의 왕이라고 고백한 것은 '메시아' 칭호에 대한 해석이다.

이것은 사무엘하 7:12-14에 있는 구약과 유대교의 메시아 사상의 가장 중요한 뿌리에서 기원한 것으로 선지자 나단을 통해 하나님께서 다윗에게 하신 약속이다. "네 수가 다하면 너의 씨를 일으켜서 너의 왕위에 앉히고, 그렇게 해서 너의 집을 세우겠다. 그를 나의 아들로 삼겠다. 그리고 그로 하여금 나를 위해 성전을 짓게 하겠다." 하나님께서 다윗의 한 아들로 하여금 왕위를 계승하게 하여 다윗 왕조를 세우겠다는 것이며, 이스라엘의 진정한 왕이신 하나님을 대신해서 합법적으로 통치하는 자로 그를 세워 하나님의 아들 삼겠다는 약속이다. 이 약속은 선지자 나단을 통해 주어진 하나님의 말씀이기에 '나단의 신탁'이라고 불린다. 이렇게 해서 다윗 왕조가 성립되었고, 솔로몬이 다윗의 씨로 하나님의 아들이 돼서 하나님의 백성인 이스라엘을 하나님 대신 통치했고 성전도 지었다. 다윗 왕조가 지속될 때는 나단의 신탁에 근거해서 다윗 자손이 왕위에 오를 때마다 하나님의 아들로 선포되는 의식이 있었다. 이것이 '등극시들' 또는 '제왕시들'에 잘 반영되어 있다(예, 시편 2, 89, 132편 등).

그러나 솔로몬을 정점으로 다윗 왕조가 남과 북으로 분열하고, 북조 이스라엘에서는 쿠데타로 다윗 왕조가 바로 끝나고 얼마 안 있어 아시리아에게 패망한다. 남조 유다에서는 다윗 왕조가 한 동안 명맥을 이어갔으나, BC 586년경 바빌로니아의 침공으로 끝나게 되었다. 다윗 왕조가 끝난 다음부터 나단의 신탁은 미래에 다시 이루어질 약속으로 재해석되었고 메시아 사상으로 발전하였다. 종말에 하나님께서 다시 한 번 다윗의 씨를 일으키셔서 다윗의 왕위에 앉히고 다윗 왕조를 재건하고 하나님 대신 하나님 백성을 통치하는 왕으로 삼아서 다윗 시대의 태평성대를 재현하실 것이라는 사상이다. 이 시점에서 이방 민족으로부터 해방, 경제적 풍요와 사회 정의를 동반하는 풍요로운 태평성대를 가져온다는 메시아 사상이 나오게 되었다. 이것이 신약 시대 유대교의 다양한 메시아 사상들 가운데 가장 널리 퍼져 있던 민속 메시아 사상이다.

예수의 첫 제자들은 예수를 성경에 약속하고 예언된 분으로 고백하고, 메시아 곧 하나님의 아들로서 이스라엘 왕이라고 고백한다. 이 고백 자체가 틀린 것은 아니나 충분하지는 않다. 예수를 다윗적 메시아로 고백하는 것이 틀리지는 않다. 그러나 당시 유대인들이 기대했던 대로, 예수가 이방 민족들을 정복하고, 정치적 자유와 경제적 풍요와 사회 정의를 가져다 주는 메시아라는 생각은 옳지 않다는 것이다. 예수의 계시를 더 깊이 깨달아 1장 51절의 뜻대로 고백해야 예수에 대한 올바른 신앙 고백이 된다는 것이다. 이렇게 1장 51절은 요한복음 전체에 대한 또 하나의 프로그램 선언이다.

51절은 세 개의 구약 본문을 배경으로 한다. 하나는 '인자'인데 엄밀히 말하면, "그 '사람의 아들'"로 번역해야 하고 이는 다니엘 7장을 배경으로 한다.

또 천사들이 오르락내리락한다는 것은 창세기 28:12을 배경으로 하고 있다. 창세기 28:12은 야곱의 꿈 이야기인데, 그는 형 에서에게 쫓겨서 어머니의 고향으로 피신하는 중에 벧엘에서 곤히 잠들었다. 그때 꿈에서 하늘이 열리고 천사들이 사다리를 자기 위에 내리고 그 위를 오르락내리락하는 것을 보았다.

이것은 유대 신학에서는 아주 중요한 그들의 '복음'이었다. 구약의 아람어 번역판을 타굼이라고 하는데, 세 종류의 타굼들과 랍비들의 창세기 주석(Genesis Rabba)을 보면 이 야곱의 꿈 이야기가 다음과 같이 확대되어 있다.

1. 서론: 머리말과 증언들

야곱이 에서에게 쫓겨서 자기 집을 떠나 어미의 고향으로 가는 중에 천사들이 호위한다. 야곱이 벧엘에서 잠이 들자 천사들이 야곱의 잠든 얼굴을 훔쳐보고, 하늘을 열고 올라가서 하나님의 어좌에서 시중들고 있던 다른 천사들에게 하나님의 어좌에 앉아 있는 야곱의 얼굴을 한번 보려면, 땅에 내려와 벧엘에서 잠자고 있는 야곱의 얼굴을 보라고 하자, 천사들이 서로 줄을 이어 내려와 그의 얼굴을 보고 하늘로 올라갔다는 것이다.

다시 말해, 땅 위의 야곱의 진정한 실체는 하늘의 하나님의 어좌에 앉아 있는데 그의 얼굴이 너무 거룩해서 쳐다볼 수 없었다는 것이다(사 6; 겔 1). 그런데 마침 그 야곱의 모조품 얼굴을 땅 위에서 볼 수 있었고, 하나님의 어좌에 앉아 있는 진짜 실체의 위대함을 헤아려 볼 수 있게 되었다는 뜻을 내포하는 것이다.

이것은 언약 신학의 표현인데, 언약 신학에 근거해서 유대인들에게 '복음'을 선포한 것이다. 야곱은 하나님 백성의 조상으로서 하나님의 아들이다. 야곱은 이스라엘 민족의 조상으로 그 후손들인 이스라엘을 야곱 자신 안에 내포한 존재로 인식되었다. 이 야곱-이스라엘이 "내가 너희의 하나님이고 너희가 나의 백성이다"는 언약에 따라 하나님과 밀접한 관계 속에서 하나님의 영광에 참여하는 숙명을 받았다. 그런데 지금 이스라엘 땅 위의 현실은 그들의 조상 야곱-이스라엘이 에서에게 쫓겼듯이, 이방 민족들에게 쫓기는 상황이다. 이렇게 쫓기는 야곱-이스라엘의 자손들에게 그들이 하나님의 어좌에 앉아 그의 영광에 참여하도록, 그리고 천사들의 예배와 섬김을 받도록 약속 받고 숙명 지워진 민족이라는 것을 확인하려는 이야기이다. 이렇게 언약 신학에 근거한 '복음'을 선포해서 이방 민족들의 핍박 가운데 있는 이스라엘을 안위하려는 것이 바로 창세기 28:12에 대한 타굼과 랍비들의 확대 해석이다.

다니엘 7장도 근본적으로 같은 내용을 담고 있다. 다니엘이 꿈에서 환상을 보는데 네 개의 짐승들(사자 같은, 곰 같은, 표범 같은, 뿔 달린 짐승)이 차례로 일어나 온 세상을 지배하며 하나님의 백성들을 못살게 한다(단 7:1-8). 그러나 그 끝에 다니엘은 하나님의 어전 회의 모습을 환상으로 본다(단 7:9-14). '어좌들'(개역성경에는 '왕좌'라고 단수로 번역하였으나, 원문은 복수임을 유의할 것)이 놓이고 '옛적부터 항상 계신 이' 즉 하나님이 좌정하시고, 그 앞에서 수많은 천사들이 예배하고 섬기는 가운데 심판을 벌여 앞의 짐승들을 멸망시키는 것을 본다. 그리고 나서는 다니엘이 '한 사람의 아들 같은 이'가 구름을 타고 하나님께 나아와서 하나님으로부터 권세와 영광과 나라를 받는 것을 본다. 다니엘은 이 '한 사람의 아들 같은 이'가 구름을 타고 왔다고 기술함으로써 그가 신적 존재임을 나타내고 있다. 왜냐하면 구약에서 구름은 하나님의 운반체로 이해되어, 하나님만이 구름을 타고 다닌다고 하기 때문이다. 그러니까 다니엘 7장 13-14절은 두 번째 신적 존재(하나님도 한 노인의 모습으로 나타났는데, 이 신적 존재도 한 사람의 모습으로 나타났나)가 하나님('옛적부터 항상 계신 이') 우편 어좌에 등극하여 하나님에게서 대권을 위임받는 모습을 그린 것이다. 이것을 성경 숙어로 말하자면, 하나님의 아들이 하나님에게서 통치권을 위임받는 등극식이라고 할 수 있다. 다니엘이 본 비전은 이것으로 절정을 이루었다.

다니엘 7장 18-28절에서는 천사가 이 환상(비전)의 뜻을 다음과 같이 해석해 준다. 앞의 비전에 나타난 네 짐승들은 차례로 일어나 세상을 지배할 이방 왕들과 그들의 왕국을 가리킨다. 그들이 하나님의 백성 이스라엘을 무참히 핍박할 것이나, 하나님이 결국에는 그들을 심판하여 멸망시키시고, '지극히 높으신 이의 성도들' 을 하나님 우편 어좌에 앉히시고 그들로 하여금 하나님 나라를 받게 하신다는 것이다. 여기서 "지극히 높으신 이의 성도들"은 이방 왕조들의 회유와 핍박에도 굴하지 않고, 끝까지 하나님의 언약에 신실하게 남은, 하나님의 참 백성들을 말한다. 이들이 종말에 하나님의 어좌 우편에 높임을 받아서 하나님 나라와 권세와 영광에 참여한다는 것이다.

이와 같이 다니엘 7장도 언약 신학에 근거한 것이다. 계속 이어지는 이방 왕조들, 아시리아, 바벨로니아, 페르시아, 알렉산더와 그의 후계 왕국들의 통치 가운데 이스라엘이 짓밟히고 있는 현실로 인해 유대인들이 지닌 하나님의 언약에 대한 신앙이 약해지게 되었고, 따라서 그들은 절망 가운데 좌절하게 되었다. 그런 유대인들에게 다니엘은 하나님께서 이스라엘에 대한 그의 약속을 꼭 지키시리라고 선포하는 것이다. 지금은 이방의 짐승 같은 통치 아래 고생하지만, 종말에 하나님께서 반드시 짐승 같은 이방 왕조들을 멸망시키시고 그의 백성들을 높여 그의 나라와 권세와 영광에 참여하게 한다는 것이다. 이것은 이미 하늘에 정해진 하나님의 구원 계획이고 다니엘이 그것을 먼저 환상으로 보았다는 것이다. 이렇게 다니엘은 이방의 핍박 아래 절망하는 유대인들에게 언약 신학에 근거하여 장차 있을 하나님의 구원의 '복음' 을 선포하고 있다.

이와 같이 다니엘 7장과 랍비들이 해석한 창세기 28:12은 하나님의 백성이 종말에 하나님의 영광에 참여하게 된다는, 서로 같은 의미를 담고 있다.

예수께서는 이 이야기들을 배경으로 삼아 요한복음 1:51 말씀을 하신 것이다. 그런데 중요한 것은 요한복음 1:51에서는 창세기 28:12의 야곱을 다니엘 7:13의 "그 '사람의 아들'"로 대치한 것이다.

복음서를 보면 예수께서는 자신을 '인자'(정확히 말하면, "그 '사람의 아들'")라 지칭한다. 이것은 예수께서 자신이 다니엘서에 나오는 바로 "그 '사람의 아들'"이라고 말하는 것이다. "인자"가 예수 시대 통용되던 메시아에 대한 호칭 중 하나라고 이해하는 사람들이 있으나, 그것은 잘못이다. 예수가 자신을 "그 사람의 아들"이라고 호칭한 것은 그것이 이미 공인된 메시아의 칭호여서 자신이 단순히 메시아임을 나타내고자 함이 아니고, 자신이 다니엘 7장에 나오는 바로 "그 '사람의 아들'"로서 다니엘서에 예언된 "그 '사람의 아들'" 역할을 하는 분임을 나타내기 위함이었다.

그러면 다니엘 7장에 나오는 **"그 '사람의 아들'"**은 누구인가? 첫째, 그분은 하나님의 아들이다.

하나님 우편에 높임을 받아 하나님 나라와 권세를 위임받는 그분을 구약 숙어로 표현한다면 하나님의 아들이라고 할 수밖에 없다. 성경에서 아들이란 말의 기본 의미는 상속자이다. 그래서 하나님에게 하나님의 대권을 상속받는 '그 "사람의 아들"'은 하나님의 아들이다. 하나님의 아들이 한 사람(셈족 이법으로 말하여, '한 사람의 아들') 같은 모습으로 나타났다는 것이다.

둘째로, 그분은 '지극히 높으신 이의 성도들'(단 7:18, 22, 26), 즉 종말에 진정한 하나님의 백성의 상징이요 대표이다.

네 짐승들이 이방 왕으로 이방 왕국들 또는 왕조들을 각기 상징하고 대표하듯이, "그 '사람의 아들'", 즉 하나님의 아들은 하나님의 백성, 곧 언약 신학의 숙어로 하나님의 아들(들)이라 지칭되는 종말 때에 하나님 백성의 상징이요 대표인 것이다. "그 '사람의 아들'"이 높임받아 하나님 우편 어좌에 앉고 하나님 나라를 받게 되면 하나님의 백성('지극히 높으신 이의 성도들')이 높임 받아 하나님 나라를 받게 됨을 뜻한다는 다니엘 7장의 예언에서 예수는 자신의 메시아적 사명을 본 것이다.

자신이 바로 "그 '사람의 아들'"로서, 자신이 상징하고 대표할 종말의 하나님 백성('지극히 높으신 이의 성도들')을 창조하고 모아 그들이 하나님 나라에 참여하고 하나님의 영광을 받게 하도록 소명 받았다는 것이다.

그래서 공관복음서를 보면, 예수께서는 하나님 나라를 선포하고 궁극적으로는 대속과 새 언약의 제사인 자신의 죽음을 통하여 종말의 하나님의 백성을 창조하고 모은 것이다. 이렇게 예수께서는 하나님 나라의 선포와 대속과 새 언약의 제사로 자신을 바침으로써 다니엘 7장의 예언, 즉 **종말의 하나님의 참 백성을 창조하여 그들로 하여금 하나님 나라를 받도록 한다는 예언**을 성취하는 바로 "그 '사람의 아들'"로 자신을 보았다.

이 사상이 요한복음 1장 51절에 요약되어 있다. 창세기 28장 12절에 근거하여 랍비들은 야곱-이스라엘이 하나님 어좌에 앉아 있다고 보고, 이는 바로 종말에 야곱-이스라엘의 자손들인 유대인들이 높임 받아 하나님의 어좌에 앉게 됨을 뜻한다고 생각했다. 그러나 예수께서는 여기서 그 사상을 반박하고 있다. 더 이상 야곱-이스라엘이 하나님 어좌에 앉아 있는 것이 아니고, 다니엘 7장의 예언대로 "그 '사람의 아들'"인 예수 자신이 앉아 있는 것이며, 이는 더 이상 야곱-이스라엘의 육신적 자손들인 유대인들이 종말에 하나님 나라를 받는다는 것을 뜻하는 것이 아니고 "그 '사람의 아들'" 예수가 새롭게 창조하고 모으는 종말의 하나님의 **참 백성**이 하나님 나라를 받는다는 것을 의미한다는 것이다.

사악함을 가지고 있던 야곱의 후손들이 아니라, 예수의 부름에 응하고 그의 죽음을 통한 속죄와 새 언약 세움의 덕을 입어 예수를 '하나님의 아들-이스라엘의 왕'이라 고백하는 나다나엘 같은 사람들이 '참 이스라엘인'이고, 참 하나님의 백성인 것이며, 그들이 하나님 나라를 받고 영생을 얻게 될 것이라는 뜻이다.

그러므로 앞으로 전개될 2장부터 20장까지의 내용은 어떻게 예수께서 하나님의 아들로서 위에서 아래로 오셔서 그의 새 백성인 새 이스라엘, 즉 지극히 높으신 이의 성도들을 창조하고 모아서 그들로 하여금 위, 곧 하나님 나라로 높임받도록 길을 뚫는지에 대한 것이다. 그 결과 아래에 있던 그의 백성들이 하나님께 나아가 높임받고 하나님과 하나 되며 그분의 영광에 참여하는 것까지 말해 주고 있다. 이것이 바로 하나님의 신성과 영광에 참여해서 구원을 얻는 진정한 길이다. 위에 속하신 분이 아래로 내려와 아래에서 위에 속하게 될 새로운 하나님 백성을 창조하는 것이다.

원래 옛 야곱 후손들인 '유대인들'이 하나님의 백성으로 하나님 나라와 영광에 참여할 자들, 그림으로 표현하자면, 하나님의 어좌에 앉게 될 자들이었다. 그러나 그들 중 다수는 하나님으로부터 보냄받은 예수를 배척하고 대적함으로써 실제로는 하나님께 대적하는 이 세상의 대표로 전락한다. 오로지 소수만이 예수를 하나님의 아들로 인식하고 고백함으로써, 스스로 하나님의 백성 됨을 보여 준다. 그들은 진짜 하나님의 언약 백성, 옛 야곱의 사악함이 없는 '참 이스라엘인'이다. 예수를 하나님의 아들로 고백하는 나다나엘 같은 사람이 바로 그런 진짜 이스라엘이다.

요한은 본론 2장에서 20장에 걸쳐 어떻게 '유대인들'이 예수를 배척하고 대적하여 하나님의 백성 됨의 숙명을 스스로 저버리는지 보여 주고, 예수께서 어떻게 '참 이스라엘인'들을 창조하고 모으는지 보여 줌으로, 독자들에게 나다나엘을 따라 예수를 옳게 인식하고 옳게 신앙 고백 하여 하나님 나라와 영광에 참여하고 영생을 얻는 '참 이스라엘인'이 되라고 권고하고 있다. 그러므로 1:51은 앞서 1:11-12에서 제시한 프로그램의 부연이라고 할 수도 있다.

지금까지 언급한 서론을 잘 이해하면 예수께서 종말에 옛 야곱을 대치하는 새 이스라엘의 조상으로서, 새 이스라엘을 창조하고 모아서 언약 곧 하나님의 자녀들로 삼아 하나님의 상속자가 되게 해 주겠다는 언약을 성취하실 분임을 알 수 있다. 그래서 아래 세상에 있는 피조물들이 하나님의 어좌로 높임받고 신성을 입어 내재 세상에서 초월에 참여하게 된다. 이것이 바로 구원이다. 요한복음은 예수가 바로 이런 구원을 이루는 것을 보여 준다. 이는 단지 나단의 신탁이 문자적 의미로 성취되어 다윗 왕조를 재건하는 정도인 유대 메시아적 의미를 말하지 않는다. 아래 인간들이 하나님의 초월에 참여하도록 하는 것을 말한다. 인간의 피조물적 한계성을 극복하고 무한하고 영원한 하나님 세계에 참여하는 것, 신성을 입어 하나님과 같이 되는 것, 예수께서는 그러한 온전한 구원을 가져오는 메시아이다.

②

제1권: 표적들의 책

(2:1-12:50)

본론의 제1권은 2장 1절부터 12장 50절까지다. 제1권을 보통 '표적들의 책' 이라고 한다. 이 책의 구조는 일곱 가지 표적을 중심으로 이루어져 있다.

1) 일곱 개의 표적들

- 가나 혼인 잔치에서 물을 포도주로 변화시킴(2:1-11)
- 고관의 아들 치유(4:46-50)
- 베데스다 못에서 38년 된 병자 치유(5:1-15)
- 오천 명을 먹임(6:1-15)
- 물 위를 걸음(6:16-21)
- 소경 치유(9:1-12)
- 나사로를 부활시킴(11장)

이렇게 일곱 가지 이적이 나온다. 이 이적들은 예수께서 이 세상의 시간과 공간 내에서 일으킨 물리적 현상들이다. 그러나 예수께서는 영원한 로고스의 성육신으로서 위에서 온 분이다. 그러므로 그의 모든 말과 행동은 이 아래 세상의 현상들로 관찰될 수 있지만 동시에 위 세상의 실체(reality)를 띠고 있다. 위 세계의 로고스가 아래 세계의 물리적 현상, 즉 육신이 되었다. 그래서 그 육신은 영원한 하나님의 담지자(bearer)가 되었다. 물리적 육신이 실체인 영을 담지하게 되었다.

예수께서 하는 모든 일은 물리적 현상으로 나타나지만, 동시에 하늘의 **영원한 실체**를 띠고 있다. 그가 행하는 이적들이 이 사실을 특별히 잘 가르쳐 주고 있다. 그의 이적들은 모두 이 세상의 물리적 현상들이지만, 위의 진리 또는 실체를 가리키고(point), 표적해 주는(sign) 성격을 지니고 있다. 그러기에 요한복음은 예수의 이적들을 표적들(sign)이라고 한다.

그러므로 독자는 예수의 이적들을 물리적 현상으로 관찰하는 것을 넘어, 그것이 가리키고 표적하고 계시하는 바인 위 세상의 진리와 실체를 터득해야 한다. 아래 세상의 관점에서 그의 말과 행적을 보면 여기에는 육신적 의미만 있다. 세상의 눈에는 예수의 행위에서 '살' 만 보인다. 그러나 믿음의 눈에는 그것이 가리키고 계시하는 진리/실체가 보인다, 즉 '살' 이 담지하고 있는 로고스가 보인다.

유대인들로 대표되는 이 세상 사람들은 이것을 깨닫지 못한다. 그들은 이 아래 세상의 사람들로서 아래의 가짜 세계, 즉 환상(illusion)의 세계를 진짜로 알고 간주하며 살아간다. 그러기에 이들은 모든 것을 아래의 관점에서 해석한다. 예수의 말씀과 행동도 아래의 관점, 즉 그림자 또는 가짜의 관점에서 해석한다. 그래서 예수께서 계시하는 바를 항상 오해한다. 예수의 이적들이 나타내는 바인 위 세상의 진리를 아래 세상의 관점에서 바라보기 때문에 오해가 일어난다. 요한복음은 이를 '**오해 기법**(misunderstanding technique)' 으로 잘 활용한다. 예수께서는 이런 오해에 대항해서 항상 길게 다시 설명하신다. 자기가 행한 이적이 물리적인 사건이지만 그 물리적인 사건이 계시하는 바와 가리키는 실체로서 진리가 무엇인지 해설한다.

2) 구조: 표적+오해+강론

이와 같이 표적들의 책은 '이적 (표적)-오해-강해' 라는 구조를 지닌 표적들의 기사들을 담고 있다.

2장 1-11절에 나오는 물을 포도주로 바꾼 표적은 니고데모의 오해와 사마리아 여인의 오해에 대항하여 강해되는데, 그것이 3장과 4장의 내용이다.

4장 46절에서 고관의 아들을 고침과 5장의 베데스다 못에서 병자 고침, 이 두 치유 표적들은 5장 16절부터 강해된다. 여기서는 예수께서 안식일에 치유했다는 이유로 예수의 치유가 계시하는 바를 받아들이지 않고 오히려 예수를 비난하는 오해가 발생한다. 유대인들은 그 표적들을 통해 예수께서 종말의 치유와 생명을 가져오시는 분이라는 것을 보지 못한다. 그래서 예수께서는 자신이 안식일에 한 치유는, 안식일의 종말론적 의미를 완성하여 죽음을 극복하고 삶으로 가득 찬 새 창조를 가져오는 표적이 된다는 것을 강해한다.

6장에 나오는 광야에서 오천 명을 먹임과 물 위를 걸어 호수를 건너는 표적들을 예수께서 6장 26절부터 해설한다. 유대인들은 이 사건들을 예수께서 제2 출애굽 구원을 이루려 하는 것으로 해석한다. 그들은 홍해를 건너 출애굽 한 이스라엘이 광야에서 만나를 먹고 므리바 물을 마셨던 그 사건을 예수께서 재현하려는 것으로 해석한다. 즉 정치적, 경제적, 사회적 구원을 이룰 것이라고 기대해서 예수를 제2의 모세로 간주하고 그들의 왕으로 만들려고 한다.

그렇지만 예수께서는 자신이 출애굽 구원을 문자적으로 재현하리라고 생각하는 것은 오해라고 말하며 6장 26절부터 긴 강해를 한다. 예수께서는 오천 명을 먹인 기적이 위 세상의 실체인 하늘의 생명, 영생을 주신다는 것을 표적하며, 자신의 살과 피가 영생을 주는 하늘의 양식이라는 것을 표적한다고 말한다. 단지 모세의 출애굽 구원은 그림자로서 생명을 가리킨다는 것이다.

9장의 소경 치유는 7-8장에서 일부 미리 해설되고('세상의 빛'), 9장과 10장에서 참 메시아론으로 더욱 자세히 해설된다. 소경을 치유한 사건은 7-8장에서 강해가 먼저 나온다. 특히 '내가 세상의 빛' (8:12)이라는 예수의 주장을 시위한 것이 바로 소경 치유 사건이다. 암흑에 있는 자들이 빛을 볼 수 있도록 한 것이다. 유대인들이 메시아 개념을 오해한 것에 대항해서 예수가 강해하고 또 10장에서 다시 참 메시아는 선한 목자로서 양 떼를 위해 자기 목숨을 내어 준다고 강해한다. 이렇게 9장 표적에 대한 강론은 앞뒤로 있다.

나사로를 부활시킨 사건(11장)은, 예수 자신의 죽음과 부활을 가리킴과 동시에 예수의 죽음과 부활이 우리에게 생명을 주는 사건임을 보여 주는 모든 표적의 클라이맥스이다. 여기에도 이 표적을 거부하고 그를 죽이려는 유대인들의 모습이 나타난다. 또한 이에 대항해서 예수께서는 죽음을 준비하고 죽음의 진정한 의미를 강해한다(11장-12장).

어떤 주석가들은 요한복음의 부록(21장)에 나오는 이야기도 표적으로 보려 한다. 이 사건은 예수 그리스도의 십자가 죽음과 부활 후 교회의 선교를 표적한다. 즉 온 세계 하나님의 백성을 불러 모으는 것을 뜻한다.

3) ἐγώ εἰμι ('내가~이다' / 'I am') 말씀들

예수의 강해를 살펴보면 "내가 이다"(헬라어 ἐγώ εἰμι [ego eimi]: 영어 I am)라는 구조의 말씀이 일곱 번 나온다.

'ἐγώ εἰμι'의 두 용법

ἐγώ εἰμι는 두 용법으로 쓰인다. 하나는 절대적 용법이고, 다른 하나는 보어와 더불어 쓰이는 용법이다.

a. 절대적 용법: ἐγώ εἰμι (8:24, 28, 58)

이것은 ἐγώ εἰμι (내가~이다: I am) 뒤에 보어기 나오지 않고 ἐγώ εἰμι로 끝나는 용법이다. 8장 24절을 보면 다음과 같이 되어 있다. "이러므로 내가 너희에게 말하기를 너희가 너희 죄 가운데서 죽으리라 하였노라. 너희가 만일 내가 (그) 인 줄 믿지 아니하면 너희 죄 가운데서 죽으리라." 여기 한글 개역성경 번역에 '내가 그 인줄' 이라고 되어 있는 것은 "'내가 그이다' 라는 것을"의 줄임인데, 원문에는 '내가 이다' 라는 것을' 으로 되어 있다. '그' 라는 보어는 원문에는 없는 것인데, 우리 문법에 맞추기 위해서 어쩔 수 없이 집어넣은 보어다. 원래 본문에는 '너희들이 내가 이다라는 것을 알 것이다'로 되어 있다. 헬라어와 구조가 같은 영어로 쓰면, 'You will know that I am'이다. 이것이 바로 절대 용법이다. 8장 28절에도 똑같은 구조가 나온다. "이에 예수께서 가라사대 너희는 인자를 든 후에 내가 그인 줄을 알고 또 내가 스스로 아무것도 하지 아니하고 오직 아버지께서 가르치신 대로 이런 것을 말하는 줄도 알리라." 여기서도 '내가 그인 줄을 알고'라는 표현이 나온다. 이것은 'You will know that I am'을 말한다. 8장 58절에는 예수가 "아브라함이 나기 전부터 내가 있느니라(Before Abraham was born, I am)"고 선언한다.

이런 표현은 우리로 하여금 구약의 출애굽기 3장 14절에 나오는 하나님의 이름(ἐγω ειμι : I am)을 생각나게 한다. 출애굽기 3장 14절의 우리말 번역은 '나는 스스로 있는 자'라고 되어 있다. 이 본문을 헬라어로 문자적으로 번역하면 바로 ἐγω ειμι가 된다. 예수께서 지금 하나님의 이름을 사용하고 있다. 즉 자신이 하나님의 이름을 가진 자, 하나님의 이름을 드러내는 자, 하나님의 계시자라는 것이다. 이것이 바로 십자가에 들려 올려질 때 알려지게 된다는 것이다.

b. 보어와 더불어 쓰는 용법

두 번째는 보어와 더불어 쓰는 용법이 있다. '내가~이다(ἐγω ειμι : I am)' 뒤에 보어가 따라 온다. 요한복음에는 이 용법에 따른 표현이 일곱 군데 나온다. 내가 생명의 떡이다(6:35), 내가 세상의 빛이다(8:12), 내가 양의 문이다(10:7), 내가 선한 목자이다(10:11), 내가 부활이요 생명이다(11:25), 내가 참 포도나무이다(15:1), 내가 길이요 진리요 생명이다(14:6) 하며 나오는데, 이는 일곱이라는 완전 숫자에 맞추었음에 틀림없다. 이 보어들은 모두 예수께서 하나님의 계시자이며 그 계시를 통해 우리로 하여금 하나님의 참 지식을 얻게 해서 구원 곧 생명을 얻게 하는 분임을 나타낸다. 예수께서 세상의 빛이라 함은 그가 하나님의 진리를 이 아래 암혹 세상에 계시하여, 우리가 하나님을 알 수 있도록 해 주는 분이라는 뜻이다. 그리하여 그는 우리가 영생을 얻을 수 있게 해 준다. 그러므로 그는 우리에게 영생을 주는 떡인 것이다. 이렇게 예수께서는 곧 하나님께 가는 길이요, 위에서 오는 실체인 진리요, 생명이다. 참 포도나무라는 것은 하나님의 새 백성의 조상이라는 뜻이다. 우리는 거기에 달린 가지이다. 따라서 우리는 예수 그리스도와 연합해서 하나님의 백성들에게 약속된 생명을 얻는다.

이렇게 총 일곱 번의 '내가 이다' 의 보어는 전부 예수께서 하나님의 계시자 되심을 뜻한다. 또한 예수께서 사람들에게 하나님을 알게 해서 구원을 가능하게 한다는 뜻을 담고 있다. 지식을 통해 구원이 이루어지는 것은 헬라적 사고 방식이다. 요한복음에도 이런 표현이 나온다. 우리가 하나님을 앎으로 구원을 얻는다는 말이다(17:3). 하나님을 아는 것은 하나님을 믿는 것이다. 믿음과 앎은 동의어이다. 그래서 예수를 알면 아버지를 알고 예수를 보면 아버지를 보는 것이다(14:6-11).

이와 같이 요한복음의 제1권 '표적들의 책' 은 일곱 가지 표적과 이에 대한 예수의 강해로 되어 있고, 그 강해들은 '내가~이다($\epsilon\gamma\omega\ \epsilon\iota\mu\iota$)' 라는 말씀들을 중심으로 이루어져 있다. 예수께서는 이적들을 행하고 아래 세상 사람들이 그것들을 오해하면 예수 자신이 그 이적들이 표적하는 바를 강해한다. 예수께서는 자신이 하나님을 계시해서 신적 생명을 가져다 주는 것을 표적들이 의미한다고 말한다.

3

제2권: 영광의 책
(13:1-20:31)

본론의 두 번째 책을 '영광의 책'(13:1-20:31)이라고 한다. 제1권은 표적들의 책으로 예수의 공개적 계시 활동을 일곱 가지 표적과 그들에 대한 강해 말씀을 통해서 그렸다. 그 결과 다수는 예수를 거부하고 아주 소수가 예수를 받아들였다. 표적들의 책은 이렇게 끝난다. 제2권 영광의 책은 예수를 받아들이는 소수의 제자들, '자기 백성'(13:1), 즉 나다나엘과 같은 사람들에게 예수가 계시하는 내용을 담고 있다. 표적들의 책은 공개적으로 다수를 대상으로 하지만 영광의 책은 그 중에 예수를 받아들인 사람들을 대상으로 한다. 다시 말해, 표적들의 책은 1장 11절의 대상을 지칭한다. 영광의 책은 1장 12절의 대상을 지칭하고 또 1장 51절의 육신적 이스라엘의 후손이 아닌 "그 '사람의 아들'"에 의해 새롭게 창조되는 하나님의 새 백성들을 지칭하기도 한다. 영광의 책에서는 예수 그리스도가 어떻게 그의 죽음을 통해 하나님을 완벽히 계시하여, 그 계시를 받아들이는 사람들이 구원을 얻게 되는지를 집중적으로 다룬다.

이 영광의 책은 세 부분으로 되어 있다. 예수의 고별사(13-16장), 예수의 기도(17장), 그리고 아버지께로 돌아감 - 예수의 재판과 죽음과 부활(18-20장)이다.

1) 고별사(13-16장)

고별사는 13장 1-12절에서 예수께서 하나의 극을 하는 데서 시작한다. 제자들의 발을 씻어 주는 세족극이다. 이것은 이적은 아니지만 표적적인 사건이다. 발을 씻는 물리적인 사건은, 예수가 말하고자 하는 바인 하늘의 진리를 계시한다. 여기서도 오해가 발생하는데, 이번에는 베드로에 의해서다. 발을 씻어 주는 예수에게 베드로가 저항한다. 그러자 예수가 발을 씻어 줌의 뜻을 강해한다. 발을 씻어 줌은 바로 자신이 십자가에 달려 죽음으로 이루어지는 자기 백성의 섬김을 뜻한다. 이것은 속죄의 제사요, 새 언약의 제사이다. 그래서 죄가 깨끗이 씻긴, 하나님의 의로운 새 백성을 창조하는 사건이다. 새 언약의 백성들에게 예수가 새 계명(서로 사랑하라)을 준다. 새 계명의 메시지는 공관복음과 같다.

14장에서 16장까지 예수는 자신의 죽음의 의미를 아버지께 돌아가는 것으로 묘사히면서 그것이 아비지를 충분히 게시하는 깃으로 드러낸다. 이런 계시가 고별사 형식으로 본문에 드러난다.

2) 기도(17장)

17장에서 예수께서는 자기 백성들을 위해 기도한다.

3) 예수의 영광 받음과 아버지께로 돌아감(18-20장)

우선 18-19장은 예수가 십자가에 들려 올려져 아버지께로 돌아가는 과정인 체포, 재판 그리고 처형 과정이 기술된다. 여기서 요한은 예수 그리스도가 십자가에 달려 죽음을 '높여짐', 즉 영광 받는 사건으로 기술하며 아주 드라마틱하게 그린다.

다음 20장에는 예수의 부활 내용이 나오고 마지막으로 20:30-31에서 요한복음의 기록 목적을 말하면서 결론이 나온다. "예수께서 제자들 앞에서 이 책에 기록되지 아니한 다른 표적도 많이 행하셨으나 오직 이것을 기록함은 너희로 예수께서 하나님의 아들 그리스도이심을 믿게 하려 함이요 또 너희로 믿고 그 이름을 힘입어 생명을 얻게 하려 함이니라(요 20:30-31)" 요한복음의 기록 목적이 예수가 하나님의 아들인 메시아임을 믿게 하는 것이라고 나온다. 여기서 요한복음의 서론과 결론이 일치함을 알 수 있다. 서론에서는 나다나엘과 같은 신앙 고백(예수가 하나님의 아들 이스라엘의 왕 메시아이시다)을 해야 한다고 했다. 여기서 메시아는 나단의 신탁을 문자적으로 해석해서 기껏해야 이스라엘을 정치적, 경제적, 사회적 실체로 재건하는 정도의 메시아를 의미하지 않는다. 그것은 진정한 구원이 아니고 단지 구원의 그림자에 불과하다. 유대 메시아 사상이 그림자로서 나타내려고 했던 종말의 구원의 실체는, 인간이 하나님과 같이 되는 것이다. 피조물들이 아래에서 위로, 시간에서 영원으로 높여져 피조물적 한계성을 극복하고 초월자 하나님의 무한에 도달하게 되는 것이다. 예수께서 바로 이것을 가능하게 하신 종말의 구원자이심을 고백해야 한다는 것이다. 이 내용이 마지막 결론에 다시 반복되고 있다.

4

부록
(21장)

요한 복음 마지막에는 부활하신 그리스도께서 나타나서 신약의 공통적 사실인 선교 명령을 주는 내용이 나온다. 신약에서 부활한 주가 나타날 때는 항상 선교 명령이 주어진다(마 28:16-20; 눅 24:47-48; 행 1:6-8; 요 20:21-23). 이는 바울에게도 마찬가지다. 다메섹에서 부활한 주가 바울에게 출현한 것은 모든 사람들에게 하나님을 전하라는 부르심을 뜻한다. 부활한 주의 나타남은 항상 선교의 위임(commission)을 수반한다. 요한복음 21장 후기는 부활한 주께서 베드로로 대표되는 제자들에게 세계 선교를 통해서 하나님의 백성을 모으고 돌보는 일을 당부하는 내용이다.

하나님 아들의 오심

(제1권 표적들의 책 강해)

① 완성의 새 시대
(2-4장)

표적들의 책은 종말의 새 시대, 즉 완성의 새 시대가 도래한 것을 알림으로 시작한다. 예수는 2장의 가나 혼인 잔치의 표적과 성전 시위 사건을 통해, 종말에 자신이 구약의 예언들을 '성취(fulfillment)' 하여 하나님의 구원 잔치를 가져오는 것을 말한다. 그가 구약 예언들을 '성취' 했다 함은 유대교를 '능가(supersession)' 했다는 의미이고, 그가 유대교를 '능가' 했다 함은 결국 하나님의 계시와 구원의 체계로서 자신이 구약과 유대교를 '대치(replacement)' 했다는 뜻이다. 야곱적 체제의 거짓 이스라엘을 새 이스라엘, 다시 말해 "그 '사람의 아들'"(단 7징)이 대표하는 '지극히 높이신 이의 성도들', 즉 '참 이스라엘' 로 대치한다는 것이다. 여기서 발견할 수 있는 완성(성취)-능가-대치 구도는 요한복음뿐 아니라 신약 전체의 중심 주제이다. 요한복음은 2-4장까지 이 주장을 전체적으로 강력하게 표현하고, 5장부터는 예수가 어떻게 유대교의 제반 제도들을 완성-능가-대치하는지를 좀 더 각론(各論)적으로 보여 준다.

1) 가나 혼인 잔치에서의 표적(2:1-12)

하나의 표적이 완성의 새 시대를 알리기 위해 시작된다. 갈릴리 가나 지방에서 혼인 잔치가 있었는데, 포도주가 떨어져서 잔치가 시들해졌다. 기쁨의 잔치가 죽어 버린 것이다. 그런데 예수께서 새 포도주를 만들어서 성대한 기쁨의 잔치가 된 사건이 첫 표적이다. 혼인 잔치에서 포도주가 떨어졌을 때, 유대교 결례를 위한 여섯 개의 돌 항아리는 아무 도움이 되지 못했다. 그런데 예수가 그 돌 항아리에 물을 채워서 그 물로 포도주로 만들었다. 이것은 단지 결혼을 축복한 것을 말하고자 함이 아니다. 그것은 본문의 의도가 아니다. 가나 혼인 잔치 표적이 진정으로 뜻하는 것은 예수께서 종말의 구원을 가져오셨다는 것이다.

구약에서도 하나님의 구원을 잔치로 비유했다. 우리가 제일 잘 아는 시편 23편은 하나님의 백성이 악의 세력들에게 쫓기다가 얻게 되는 하나님의 구원을 이렇게 묘사한다. "내 원수들이 지켜보는 데서 내게 잔칫상을 배설하시어 … 내 잔이 넘치나이다"(시 23:5). 다른 곳에서는 메시아 시대의 구원을 시온에서 베푼 아주 큰 잔치로 비유했다(사 25:6; 55:1-2). 이유는 잔치의 상징성 때문이다. 잔치라 하면 풍요로움이 생각난다. 배부름과 만족이 있다. 배불리 먹고 마신 뒤에는 기쁨이 있다. 또 서로 주고받는 사랑이 있다. 이것이 바로 잔치라는 그림이 우리에게 가져다 주는 연상들이다. 그러기에 잔치는 하나님 나라의 구원을 상징하기에 적합하다. 사탄의 나라에서 인간의 삶은 결핍으로 특징 지워진다. 지혜가 모자라고, 능력이 없으며, 사랑이 없고, 시간과 공간의 제약 속에 사는 것이 이 세상의 삶이다. 그래서 항상 불만이 있고, 아픔과 슬픔이 있고, 사랑 대신 처절한 생존 경쟁으로 갈취하고 갈취당하며, 갈등과 증오가 있다.

　반면에 하나님 나라의 구원은 창조주의 무한한 부요함에 참여하는 것이다. 그러므로 그곳에는 결핍이 없고, 결핍에서 오는 고난이 없다. 그러기에 구약에서도 구원을 이런 잔치로 그리는 것이다. 공관복음을 보면 예수께서 하나님 나라의 구원을 잔치로 즐겨 비유한다. 더욱이 잔치 중 제일 흥겨운 결혼 잔치로 자주 비유한다.

　예수의 하나님 나라의 복음을 가장 잘 표현한 탕자의 비유를 보라(눅 15:11-32). 이 타락한 세상, 사탄의 통치 아래에 있는 아담적 삶을 예수는 굶주림의 상황으로 그린다. 돼지 먹이인 쥐엄 열매도 없어서 못 먹는 상황에 처한 것으로 그린다. 그런 인간에게 구원은 오로지 창조주 하나님께 돌아와 그의 자녀(곧 상속자)로 회복되는 것이다. 그렇게 얻는 구원을 예수께서는 살진 송아지를 잡고 풍악을 울리는 잔치로 비유하고 있다.

　이렇게 하나님 나라의 구원을 잔치로 비유하면서 예수께서는 죄인들로 하여금 죄를 회개함으로 사탄의 나라에서 벗어나 믿음으로 하나님 나라에 들어오도록 부르는 일을 하셨다(막 2:17).

　예수께서는 그의 부름에 응한 자들에게 그들이 장차 완성될 하나님 나라의 구원, 곧 영생을 받게 되었음을 말하기 위해 그들이 하나님 나라의 잔치에 참여하게 되리라고 하였다(마 8:11-12; 눅 14:15-24). 더 나아가 예수께서는 그들이 벌써 하나님의 죄 용서를 받고 하나님의 구원에 참여하기 시작하였음을 체험하게 하고 그들에게 종말의 구원을 보증해 주는 의미로 잔치를 베풀어 그들과 즐겁게 먹고 마신 것이다(마 11:19; 막 2:15-17; 눅 15:1-2; 19:1-10).

　요한복음의 첫 표적은 예수의 이런 가르침과 행적을 잘 나타내고 있다. 예수는 포도주가 떨어져 파장이 된 결혼 잔치에서 가장 맛있는 포도주를 만들어 가장 흥겨운 잔치를 베풀었다. 이것은 예수께서 종말의 하나님 나라의 구원을 가져왔음을 뜻하는 표적이다. 반면에 유대교 내에서는 이런 구원이 전혀 불가능하다는 것을 대조적으로 보여 준다. 가나의 잔치 마당에 있던 여섯 개의 돌 항아리는 결례를 위해 물을 담는 용기였다. 결례란 하나님의 백성이 몸을 씻어 성전에서 하나님을 예배할 수 있도록 준비하는 예였다. 그러므로 그 항아리들은 유대교의 성전 체제를 상징한다. 유대교는 성전 중심의 종교였다.

그 항아리들이 잔치에 아무런 도움이 되지 못함은 그들이 상징하는 유대교 성전 체제가 진정한 잔치를 가져오지 못한다는 말이다. 유대교는 마치 포도주가 떨어져서 파장한 잔치와 같다는 뜻이다. 거기에는 기쁨도 생명도 있을 수 없다. 바로 그 유대교를 예수께서 완성하여 하나님 나라의 구원 잔치를 가져왔다는 것을 이 첫 표적은 나타내 준다.

2) 성전 사건(2:13-17)

그러면 예수께서 어떻게 이 유대교를 완성해서 종말의 메시아적 잔치인 하나님 나라의 구원을 가져오는가? 바로 성전 기능의 **완성**을 통해서다. 성전 사건 이야기도 바로 이것을 암시하고 있다. 요한복음은 예수의 성전 사건을 맨 앞으로 가져다 놓아, 예수께서 효능이 없는 유대교 성전의 진정한 의미를 완성하고 대치(代置)하여, 종말의 하나님의 구원을 가져왔음을 강하게 천명한다. 성전 체제를 상징하는 여섯 개의 돌 항아리는 그 자체로 아무런 도움이 되지 않는다. 성전 체제의 유대교 내에서는 구원도 잔치도 없다. 예수께서 그 성전 체제를 완성한다. 그래서 요한복음은 예수의 성전 시위 사건을 공관복음처럼 예수의 체포 직전인 복음서 끝 부분에 놓지 않고, 제일 앞부분에 둔 것이다.

예수께서는 어떻게 성전 기능을 완성하여 하나님 나라의 구원을 가져오는가? 예수께서는 유대교 성전이 하나님의 심판으로 파괴되고 예수 자신이 새 성전을 일으켜서 완성할 것이라고 말한다. 새 성전은 자기 몸을 두고 말하는 것이라고 요한은 주를 단다. 즉 예수께서 그의 죽음과 부활을 통해서 성전의 기능을 완성한다는 뜻이다. 자기 죽음이 속죄와 새 언약의 제사로서 성전의 모든 제사들을 종말론적으로 완성한 사건이라는 것이다.

성전이란 하나님과 그의 백성이 잔치하고 교제하는 곳이다. 제사라는 잔치를 통해 하나님과 그의 백성이 교제한다. 하나님과 피조물의 관계를 훼손하고 교제를 방해하는 것이 죄인데, 이 죄를 제물의 피로 덮어 버림으로써 다시 하나님과 교제를 회복하는 것이 바로 성전 제사의 의미이다. 그런데 이제 유대교의 예루살렘 성전은 그 기능을 할 수 없게 되었다. 하나님께서 불순종하는 유대인들의 타락한 성전 제사를 더는 받아 주시지 않기 때문이다. 하나님께서 그 성전을 곧 심판으로 파괴해 버리실 것이다.

예수께서 제물에 쓰일 짐승들을 내쫓고 헌금을 위한 환전을 방해한 것과 환전상의 상을 뒤엎은 것은 이 사실들을 극적으로 표현한 선지자적 행위였다(그러므로 예수의 성전 시위를 '성전 청결'로 해석함은 옳지 않다). 예루살렘 성전은 더 이상 성전 기능을 하지 못하고, 그 성전 제사를 중심으로 한 유대교는 하나님 백성이 하나님과 교제하는 또는 잔치하는 역할을 수행하지 못한다. 이런 상황에서 '복음', 기쁜 소식은 예수의 죽음이 성전 속죄 제사의 종말론적 완성으로서, 모든 피조물이 죄 용서를 받고 창조주 하나님과 올바른 관계를 회복하게 하는 것이었다. 이렇게 예수는 성전 기능—속죄 제사—을 종말론적으로 완성하셨다.

더 나아가 그의 죽음은 새 언약을 세운 제사였다(막 14:24; 눅 22:20). 언약 세움은 하나님께서 일단의 사람들을 자신의 백성으로 선택하시고 그들에게 하나님 노릇 해 주실 것을 약속함이다("내가 너희의 하나님이고, 너희가 나의 백성이라"). 그럼으로 언약 세움은 항상 하나님의 백성을 창조함을 뜻한다. 그리하여 그들은 이제 창조주 하나님으로부터 소외받는 것을 극복하고, 하나님의 하나님 노릇 해 주심에 힘입어 살게 된다. 이리하여 피조물들은 자신의 유한성을 벗어나 초월자 하나님의 무한한 부요함을 힘입어 살게 된다. 즉 '영생(神적 생명)'을 얻는다. 이것이 예수께서 자신의 죽음으로 성전 기능을 완성하여 가져다주는 구원이다. 속죄와 새 언약의 제사로서 예수 자신의 죽음을 통해 용서받고 의롭게 된 하나님의 새 백성을 창조하고 그들이 하나님의 무한함에 참여할 수 있도록 하는 것이다.

이렇게 창조된 자신의 새 백성 가운데 하나님께서 내주하신다(요 15:1-5; 17:21). 그래서 아담과 하나님의 분리가 극복된다. 피조물의 하나님으로부터의 소외가 극복된다. 피조물과 창조주가 연합한다. 예수 그리스도 자신을 중보자로 해서 "내가 아버지 안에, 너희가 내 안에, 그리고 내가 너희 안에 있게 됨"(14:20)의 연합이 이루어진다. 이것을 통해 피조물들이 하나님의 신성에 참여하게 된다. 이것이 바로 구원이다. 아래에서 위로의 영광에 참여가 이루어지는 것이다. 예수께서는 이렇게 자신의 죽음과 부활을 통해 하나님이 내주하시는 참 하나님의 백성 공동체를 창조하는데, 이 공동체가 바로 그가 짓는 새 성전이다. 성전은 원래 하나님의 집으로서 하나님이 거처하시는 곳이기 때문이다.

자신의 백성 안에 하나님이 성령을 통해서 거하시게 되고 그래서 그의 백성이 새 성전이 되는 것이다. 이리하여 이제 피조물들이 하나님의 초월, 신성, 영광에 참여하고 신적 생명을 얻게 된다. 이것이 바로 구원이다. 이것을 성경 숙어로 말하면 '영생'이라고 한다. 영생이란 말의 뜻은 하나님적 생명이다. 문자적으로는 '오는 세상의 삶'이란 뜻인데, 내용적으로는 하나님적 생명이다. 피조물들이 하나님적 생명을 얻고 하나님과 같이 되는 것이다. 예수께서는 구약과 유대교의 성전 체제를 완성해서 이런 생명을 가져다 주었다.

요한복음 2장은 본문에서 가나 혼인 잔치 이야기와 예수의 성전 시위 사건을 연달아 기록함으로 이 뜻을 '복음'의 요체로 내세우고 있다. 요한이 예수의 성전 시위 사건을 이렇게 해석한 것은 공관복음의 해석과 완전히 일치한다. 요한복음은 다만, 위와 같은 신학적 진술(statement)을 하기 위해서 이 사건을 예수의 공적 사역의 절정에서 맨 앞으로 옮겨 놓은 것뿐이다.

3) 유대인의 최고봉 니고데모(3장)

그리스도가 구약과 유대교를 완성하여 종말의 구원을 가져왔다는 것은, 첫째로 모세의 시내 언약 체계에서는 구원을 얻을 수 없다는 것을 의미하고(cf. 1:17-18; 2:1-6), 둘째로 그리스도에 의해서만, 그의 은혜로만 구원이 가능하다는 것을 의미하며, 셋째로 그러기에 '의인'이나 죄인이나 그리스도를 믿음으로써 구원을 얻을 수 있다는 것을 의미한다.

이 사실들이 3장과 4장에 해설되어 있다. 모세의 시내 언약 체계를 기초로 한 정통 유대교의 최고봉인 '의인' 니고데모나, 그것의 변질된 형태인 사마리아교의 가장 천한 여인이나 다 마찬가지로 그리스도를 통해 영생을 얻을 수 있는 것이다.

4) 하나님 아들의 오심과 죽으심이 가져온 구원(3장)

니고데모도 위로부터 오는 성령에 의해 다시 나야 함

우선 3장을 보면 유대교의 최고봉인 니고데모를 내세운다. 니고데모는 유대인의 선생이요, 유대인들의 관원이요, 경건한 바리새인이다. 게다가 진리를 겸손히 찾는 사람이다. 그는 시골의 떠돌이 부흥사 같은 예수에게도 찾아올 만큼 훌륭한 사람이다. 이 사람이 밤에 예수를 찾아왔다. 요한복음에서 흔히 그러하듯 이것 역시 상징적 의미를 지니는데, 유대교의 최고봉인 니고데모 역시 밤, 즉 암흑의 사람이라는 뜻이다. 그가 밤의 암흑에서 빛이신 예수(8:12)에게 나오는 것이다. 13장에는 반대 표현이 나오는데 빛이신 예수에게 있던 유다가 예수를 배반하러 나가는데 요한은 "유다가 그 조각을 받고 곧 나가니 밤이러라"(13:30)고 표현한다. 유다가 암흑으로 들어간다는 것이다. 이렇게 요한복음의 언어들은 상징적 의미를 지닌다.

여기 등장하는 유대교 체계에서 최고봉인 니고데모도 하나님을 안다고 말할 수 없다. 니고데모가 밤에 예수께 와서 어떻게 해야 하나님 나라에 들어가는지 묻는다. 예수께서 "대답하여 가라사대 진실로 진실로 네게 이르노니 사람이 거듭나지 아니하면 하나님 나라를 볼 수 없다"

(요 3:3)고 말씀한다. 여기 한글개역에서 '거듭'으로 번역된 말은 헬라어 '아노텐(anothen)'인데, 이 말은 우선 '위로부터'를 뜻하고 이차적으로 '다시'를 뜻하는 부사다. 예수는 유대교의 최고봉인 니고데모도 '위로부터(anothen) 나야만' 하나님 나라에 들어갈 수 있다고 말하는 것이다. 여기 '아노텐(anothen)'은 요한복음이 즐겨 쓰는 **이중 의미**(double meaning) 기법의 좋은 예이다.(요한복음은 오해 기법(mis-understanding)과 역설(irony)과 함께 이중 의미 기법을 아주 효과적으로 쓴다).

니고데모는 유대교의 최고봉이지만 아래의 물리적 세상의 사람이다. 그래서 그는 위에 대한 이해를 할 수 없다. 그러므로 예수의 대답을 단지 물리적 뜻, 즉 다시 태어나는 것으로만 해석한다. 따라서 오해가 벌어진다. "사람이 늙으면 어떻게 날 수 있겠삽나이까? 두 번째 모태에 들어갔다가 날 수 있삽나이까?"(3:4)라고 오해하는 질문을 던진다. 예수께서는 이러한 니고데모의 오해의 질문에 위로부터 나는 것은 물과 성령으로 나는 것이라(3:5)고 설명한다. 여기서 물은 세례를 상징한다. 세례 때에 퍼부어지는 물로 상징되는 성령, 곧 위에서 오는 하나님의 힘으로 나는 것이다. 위에서 오는 힘, 즉 성령으로 나야 하나님 나라에 들어가 하나님의 생명인 영생을 얻을 수 있다. 왜냐하면 아래 세상의 물리적, 육신적인 것은 제아무리 고상한 것이라도 어디까지나 아래의 육신적인 것에 불과하기 때문이다.

하나님 아들의 오심과 죽음으로 위로부터의 탄생 가능성 열림

위에서 오는 성령에 힘입어 다시 나게 되어 하나님 나라에 들어가 영생을 얻는 일이 어떻게 가능할까? 아래에서 아무리 율법을 지키고 거룩한 삶을 사는 일에 정진해도 그것은 불가능하다. 유대교 율법 체제가 아래의 육의 세계에 속하기 때문이다. 헬라 체계로 말하면 아래 세계에서 아무리 이치를 터득해도 위의 진리, 곧 실체를 이해할 수 없다. 현상의 세계를 관찰하는 것으로 지식을 얻어 영혼이 위로 복귀한다는 것은 있을 수 없다.

그런데 여기에 복음이 있다. 바로 "그 '사람의 아들' (인자:人子)"이 위에서 아래로 왔다. 그가 와서 십자가에 못 박혀 들림 받게 된다. 3장 13절을 보면 하늘에서 내려온 자 외에는 하늘에 올라간 자가 없다고 한다. 내려온 자는 "그 '사람의 아들'"인데, 하나님의 아들로서 예수 자신을 가리킨다. 하나님으로부터 보냄을 받아 위에서 오신 분으로서 (3:17), 위에서 왔기 때문에 위로 올라갈 수 있는데, 마치 모세가 광야에서 구리뱀을 들어 올린 것같이 들려 올려져야만 가능하다(14절). 여기서 '들림 받다' 또는 '들려 올려진다' 는 말은 요한복음의 이중 의미 기법의 또 한 예이다.

우선 이 아래 세상의 관점에서 보면 이것은 예수가 십자가에 못 박혀 지표에서 들려 올려진다는 것을 뜻한다. 그렇지만 위 세상의 올바른 관점에서 보면 이것은 예수 그리스도가 위의 하나님 아버지께로 돌아감, 높임 받음, 즉 신적 영광으로 귀환함을 뜻한다. 즉 그리스도가 십자가에 들려 올려짐은 그가 영광을 받는 사건이다(cf. 8:28; 12:32, 34). 그래서 13-20장은 예수의 수난을 수난이라기보다는 예수가 하나님의 아들로서 높여짐, 또는 예수가 영광 받는 사건으로 그린다.

그러면 모세가 광야에서 뱀을 들어 올리는 것은 무엇을 말하는가? 출애굽 한 이스라엘 백성이 광야에서 모세에게 출애굽을 비판하여 대항하자, 하나님께서 독사를 보내 그들을 물게 하셨다. 모세의 간청으로 하나님께서 구원의 방도를 마련해 주셨는데, 그것은 구리뱀을 만들어 장대에 달아 높이 들어 올리고 구리뱀을 바라보는 자들은 살게 한 것이다 (민 21:4-9). 랍비들은 이 구리뱀을 쳐다보는 것이 도대체 왜 구원이 되는지 오랫동안 토론했다. 이것은 바로 아래 세상에서 구원의 가능성을 찾을 수 없다는 뜻이다. 이 아래 세상에 사는 인간의 가능성에 절망하고, 오로지 눈을 들어 위의 하나님을 바라볼 때 구원이 있다는 뜻이다. 철저하게 하나님께 자신을 던질 때만 구원을 얻을 수 있다. 구원은 오직 하나님에게서만 온다. 자신의 내재적 자원으로 구원의 방도를 찾으려는 사람은 모두 죽는다. 자기 안에는, 또는 물리적인 세상에는 구원이 없다. 오직 위에 계신 하나님의 은혜로만 구원이 있다는 것이다.

예수께서는 민수기 사건을 모형론적으로 자신에게 적용하였다. 아래 세상의 최고봉인 니고데모조차 자신의 내재 자원이나 이 아래 세상의 어떤 가능성 속에서 구원을 찾으려 하면 구원받을 수 없다. 그도 모세에 의해 장대에 달려서 들려 올려진 구리뱀처럼 십자가에 달려 들려 올려지는 예수 자신을 바라볼 때만 구원을 얻을 수 있다. 구리뱀이 위의 하나님께서 출애굽 세대에게 마련해 주신 구원의 방도였듯이, 십자가에 달려 들려 올려지는 그리스도가 위의 하나님께서 마련해 주신 종말의 구원 방도이기 때문이다. 그리스도를 바라봄은 위의 하나님께 의존함인데, 그때 하나님은 우리에게 위로부터 그의 영, 곧 성령을 주시어 이에 힘입어 우리가 다시 나고 영생을 얻게 된다는 것이다. 그러므로 우리의 구원은 위에서 오신 분으로서 예수가 십자가에 들려 올려짐으로만 가능하다.

내재의 가능성, 즉 유대교의 율법 준수, 플라톤 철학을 통한 지식 얻음, 불교의 깨달음, 스토아 철학자의 자연에의 순응, 도교의 자연의 도에의 순응, 현대 과학 기술의 혁명 등으로 인간의 문제를 해결하려 해도 구원은 없다. 육신적인 것은 단지 육신적인 것에 불과하다. 구원은 그리스도가 가져온 죄의 용서와 하나님과 연합할 수 있도록 한 십자가를 바라봄으로만 가능하다. 마치 모세 시대 이스라엘 백성들이 구리뱀을 쳐다볼 때 구원이 이루어진 것과 같다. 하나님께서 내려 주신 구원의 방도에 철저히 의존함으로만 구원은 가능하다.

보냄의 형식과 내어 줌의 형식

그러면 "그 '사람의 아들'"이 '들려 올려지는' 그리스도 사건의 진정한 의미는 무엇인가? 요한복음 3장에서는 하나님의 방법에 의한 구원 가능성을 또다시 설명해 준다. 3장 16, 17절이 이를 명확히 말해 주는데, 먼저 17절을 보자. 하나님께서 자신의 아들을 위에서 아래로 보내셨다. 심판이 아니라 세상을 구원하기 위해서 보내셨다. 이것을 가리켜 '보냄의 형식(the sending formula)'이라고 한다: 하나님께서-그의 아들을-보냈다-우리의 구원을 위해서. 이것은 바울에게서도 나온다 (롬 8:3; 갈 4:4 참조). 이 보냄의 형식에는 하나님 아들의 선재(先在) 사상이 전제되어 있고, 또 그가 하나님의 일꾼(agent), 즉 하나님의 전권 대사로서 하나님의 대권을 위임받아 그분의 뜻을 집행하는 분이라는 내용이 내포되어 있다. 하나님께서 그의 아들을 위에서 아래로 보내셔서 아래 세상에서 위 세상의 영원과 진리를 나타내게 하시고 또 죽은 자를 살리는 능력을 나타내게 하신다. 이로서 이 아래 세상에서 위 세상의 구원 가능성이 열렸다.

그런데 3:16을 보면 그것은 순전히 하나님의 은혜라고 한다. 이런 16절과 같은 내용을 가리켜 '내어 줌의 형식(the giving up formula)'이라고 한다. 하나님께서-그의 아들을-내어 주셨다-우리의 구원을 위해서. 이 내어 줌의 형식은 항상 하나님의 사랑을 이야기할 때 나온다. 바울도 롬 8:32, 갈 2:20 등등에서 내어 줌의 형식으로 말한다. 요한복음 3장 16절을 보면 하나님이 자신의 아들을 주실 정도로 이 세상을 사랑하셨다. 그 목적은 믿는 자마다 영생, 곧 신적 생명을 얻게 하기 위함이다. 그래서 하나님께서 그의 아들을 위에서 아래로 보내셨다. 아래의 물리적 시간 세계에 **영원**이 나타나게 하고, 거짓 세계에 **진짜** 진리가 나타나게 하고, 무능의 세계에 하나님의 **전능**하심이 나타나게 하고, 갈등과 증오의 세계에 하나님의 **사랑**이 나타나게 하고, 무지와 암흑의 세계에 하나님의 **빛**이 나타나게 하셨다. 이것은 순전히 하나님의 사랑 때문이다. 하나님의 사랑은 바로 예수를 십자가 죽음에 내어 줌, 즉 예수가 십자가에 달려 들려짐에서 절정으로 나타난다.

예수의 십자가에서 죽음은 하나님의 사랑을 계시하는 사건이다. 하나님의 본질이 사랑임(요일 4:8)을 계시하는 사건이다. 예수께서는 이렇게 십자가에서 하나님의 본질을 계시함으로써, 예수 자신이 하나님의 본질을 가진 분임을 계시한다. 그것은 계시자는 계시되는 자와 같기 때문이다. 그래야 계시가 일어난다. 이것을 '계시 제1 원칙'이라고 할 수 있다. 원숭이를 보고 사람을 알 수 없다. 단지 비슷하다고 해서 알 수 있는 것이 아니다. 사람을 보아야 사람을 알 수 있다. 그러므로 사람으로만 사람을 알 수 있다.

같은 논리로, 예수께서 하나님을 계시한다면 그가 하나님과 같다는 말이다. 예수께서 하나님을 계시한다는 것은 예수께서 하나님이라는 것이다. 예수는 십자가에서 하나님의 본질이 사랑임을 계시함으로써 예수 자신이 하나님임을 계시하게 된다. 영광의 기본 뜻은 '하나님의 본질이 드러남'이다. 예수께서는 십자가에서 하나님의 본질(사랑)을 계시함으로써 하나님의 영광을 드러낸다. 이렇게 함으로 예수는 자신의 본질, 즉 하나님의 계시자임과 하나님의 계시자로서 하나님과 같은 분임을 드러낸다. 그러므로 십자가는 하나님의 본질을 드러내면서 동시에 예수의 본질도 드러낸다. 다시 말하면, 하나님의 영광도 나타내면서 예수의 영광도 나타낸다. 그래서 십자가는 아들이 아버지를 영화롭게 하고 아버지가 아들을 영화롭게 하는 사건이다(17:1-5). 이것이 요한복음의 언어이다.

이렇게 요한복음 3장은 위에서 오신 예수께서 십자가에 들려 올려짐으로써 하나님의 사랑과 힘을 계시하고, 아래 세상 사람들이 영생, 곧 신적 생명을 얻는 구원을 가져다 준다고 선포한다. 아무리 유대교 내에서 최고봉이라 할지라도 그것이 구원을 보증하는 것은 아니다. 위에서 오셔서 십자가에 들려 올려진 분에 의해서만 구원이 가능하다. 왜냐하면 "그 '사람의 아들'"이 위에서 아래로 오심은 하나님이 아들을 보내신 사건이고, "그 '사람의 아들'"이 십자가에 달려 들려 올려짐은 하나님이 아들을 내어 주신 사랑의 사건이기 때문이다. 바로 이 '보냄'의 사건과 사랑의 '내어 줌'의 사건을 통해 아래 세상에서 위 세상의 힘이 나타나게 되었다. 아래 세상의 과학, 철학, 인격적 종교적 수양으로는 구원이 절대 이루어지지 않는다. 구원은 초월에서만 온다. 예수께서 하나님의 아들로서 위에서 다시 말해 하나님의 초월에서 이 아래로 즉 내재의 세계로 보냄받았으므로 이 아래 세상에 구원이 이루어지게 되었다. 구원은 초월자인 하나님의 사랑으로만 가능하다. 하나님께서 그의 아들을 십자가의 대속과 새 언약의 제사로 내어 주시는 사랑을 베푸셨기에 여기 구원이 있는 것이다. 이것이 복음이다.

그래서 복음은 한편으로 부정적인 면이 있다. 모든 인간적인 것에 대한 부정, 니고데모가 대표하는 유대교에 대한 부정, 플라톤 철학이나 스토아 철학과 같은 헬라 지성인들에 대한 부정이다. 불교, 유교, 도교, 또는 현대의 과학적 인본주의에 대한 부정이다. 구원은 오직 하나님 곧 창조주께서 아들을 보내고 내어 준 사건을 통해서만 가능하다. 십자가에 달려 죽는 '대속의 죽음'이라는 사랑을 통해서만 구원이 일어난다. 이런 요한복음 3장의 내용은 요한복음 1:16-18의 내용과 같다. 로고스가 육신이 되어서 우리 가운데 거함으로 우리가 하나님의 영광을 보았다. 거기에 바로 은혜와 진리가 충만했다. 누구도 하나님을 보지 못했다. 그러나 하나님에 대한 진리를 보고 하나님을 영접할 수 있는 가능성이 시작되었다. 왜냐하면, 하나님이 자신의 독종자를 통해 자신을 보여 주셨기 때문이다(1:18). 이것이 온 인류에게 '복음' - '좋은 소식'이다.

필연적으로 이루어지는 심판

요한복음 3:18-21은 필연적으로 이루어지는 심판을 말해 주고 있다. 그리스도의 십자가에 나타난 하나님의 계시에 대해서 인간의 반응은 갈린다. 소수는 이 계시를 터득해서 지식과 믿음에 이르러 구원을 받는데, 다수는 그것을 거부한다. 그 결과 심판과 멸망에 이른다. 3:17을 보면 하나님께서 그의 아들을 보내신 것은 세상을 심판하는 것이 아니고 세상을 구원하시기 위함이었다. 하나님의 의도는 심판이 아니다. 그러나 심판이 필연적으로 일어난다. 그것은 하나님이 심판해서가 아니고 스스로 심판을 선택하기 때문이다. 그래서 십자가의 하나님 계시에 대해 인간들이 갈린다.

이것은 마치 전위 예술 전시관에 가서 문외한의 눈으로 곧이곧대로

1. 완성의 새 시대

그림을 판단함으로 자신의 무지를 폭로하는 것과도 같다. 그 그림을 부정적으로 판단함으로써 자신의 무지함을 낱낱이 드러내는 것과 다름없다. 암흑의 세상에 예수 그리스도는 빛(1:4-5; 8:12), 곧 하나님의 계시를 가져왔다. 그런데 암흑의 세상 사람들은 암흑을 좋아해서 그 빛에게 나오지 않는다. 이로써 바로 자신이 암흑의 자식임을 드러내는 것이다. 어두움의 자식으로서의 정체를 드러내는 것이다. 이것이 바로 요한복음의 역설적 표현이다.

5) 사마리아 여인도 구원받을 수 있음(4장)

사마리아 여인의 상징

3장은 유대교 최고봉인 니고데모를 내세웠으나, 4장은 시내산 모세 언약 체계의 최하 골짜기인 사마리아 여인을 내세운다. 유대교와 사마리아교는 서로 모세의 시내 언약의 정통 후계자라고 주장한다. 그래서 경쟁 관계, 논쟁 관계에 있다. 요한복음 4장에 그 논쟁의 일부가 드러난다. 가령 사마리아 여인이 "우리는 그리심 산에서 예배해야 한다. 그곳이 참 성전이고 그곳에서 하나님과 만남이 있다고 하는데, 유대인들 당신은 예루살렘에서 예배해야 한다고 하지 않느냐"고 논쟁한다(4:20). 예수께서는 이 논쟁에서 유대교의 손을 들어 주고 유대교의 정통성을 인정해 준다(4:22). 유대교가 시내 언약의 정통 후계자임을 인정하는 것이다.

그러나 예수께서는 이런 논쟁이 이제 아무런 의미도 없다고 한다(4:21-24). 하나님은 그런 예배를 드리는 자들을 찾는 것이 아니고,

'성령과 진리 안에서' 예배하는 자들을 찾고 계시기 때문이다(요 4:23-24). 한글개역 성경은 '신령과 진정으로' 예배함이라고 꼭 맞지 않게 번역해서 오해를 불러일으킬 수 있다. 여기서 '진리'라는 말은 그림자나 모조품의 반대말인 '실체'라는 뜻이다. '성령과 진리'라는 문구는 '성령이 가져다 주는 실체'를 뜻한다. 예루살렘 성전에서 예배하는 것이나 그리심 산에서 예배하는 것은 종말의 완성의 실체가 오기 전의 모조품 예배에 불과하다. 이제 예수께서 **성령**에 의한 **실체**의 **예배**, 하나님을 실체적으로 알면서 드리는 예배의 가능성을 열었다. 여기에 비하면 예루살렘이나 그리심에서의 예배는 모조품 예배에 불과하다. 하나님께서 더 이상 예루살렘 산에서 예배하는 자나 그리심 산에서 예배하는 자를 찾는 것이 아니고, 성령과 실체(진리)로 예배하는 자를 찾으신다. 예루살렘이나 그리심에서의 예배는 예수께서 종말에 가져오는 하나님에 대한 실체적 예배에 대한 그림자요 모조품에 불과하다. 그런데 예수께서 이제 성령을 통해 실체적 예배를 가능케 한다. 더 이상 유대교가 정통인지 아니면 사마리아교가 더 정통인지는 의미가 없다. 단지 둘 사이를 비교하자면 유대교가 조금 더 정통이라는 것뿐이다. 그러나 이제는 이런 것이 모두 소용이 없다. '성령과 진리', 즉 성령에 의해 하나님을 실체적으로 알고 드리는 예배만 있을 뿐이다. 예수 그리스께서 성전을 완성함으로써(2:13-17) 성령을 통해서 하나님이 자신의 백성 가운데 내주하는 것이 가능하므로, 실체적으로 하나님과 교제하고 그를 알고 예배하는 시대가 곧 열린다는 뜻이다. 그가 십자가에 달릴 때 열릴 것이다. 아니, 그때가 이미 당도했다. 이렇게 구원이 그리스도가 십자가에서 이루신 성전의 완성으로 오는 것이기에, 유대인들이나 사마리아인들 모두 자신들이 드린 종래의 성전 예배를 통해서는 구원받을 수 없고, 다만 그리스도의 완성에 힘입어 구원받을 수 있다. 그렇기 때문에 유대교 최고 봉인 니고데모도 오로지 십자가의 하나님 은혜로 구원받을 수 있고, 마찬가지로 시내 언약의 최하위인 사마리아 여인도 그 은혜에 힘입어 구원 얻을 수 있다. 바울 신학적 표현을 하자면, 구원은 은혜로만(sola gratia) 가능하기 때문에, 제아무리 경건한 유대인도 은혜로만 구원을 얻을 수 있고 그 반대인 죄인들도 은혜로 구원을 얻을 수 있다.

여기서 사마리아 여인은 사마리아 족과 이방 우상 숭배와 혼합된 그들의 종교를 상징한다. 사마리아 여인은 사마리아교의 상징이다. 남편이 대여섯 명 있었다는데, 이것은 사마리아교에 대한 상징성이다.

이스라엘은 솔로몬 후 남조 유다와 북조 이스라엘로 나뉘었다. 북조 이스라엘은 주전 722-721년에 아시리아에게 망하여 그 백성 대다수가 노예로 끌려갔고, 그들의 땅이던 사마리아에는 다른 곳에서 이주하여 온 사람들이 살게 되었다. 그래서 사마리아에는 혈통적, 종교적으로 혼합된 족속이 생성되었다. 주전 587-586년에는 유다가 바빌로니아에게 패망하여 유대 족속이 바빌로니아에 노예로 끌려갔다. 약 70년 후 페르시아 왕 고레스의 칙령으로 유대 족속은 자신들의 고향인 유대 땅에 귀환하여 성벽과 성전을 재건하고 민족 공동체를 이루려 했다. 바로 그때 사마리아인들은 사마리아 땅에 살던 유대인들에게 상당히 적대적 행위를 가했다(에스라, 느헤미야 참조). 따라서 유대교적 관점에서 보면 사마리아인들은 야훼가 아닌 이방 신들을 섬기는 불결한 족속이고, 유대인들의 원수이다.

요한복음 4장의 사마리아 여인의 모습은 사마리아교를 상징하고 있다. 그럼에도 불구하고 사마리아인들은 자신들이 이스라엘의 신 야훼를 섬기며 모세의 율법을 따른다고 주장하였다. 유대인들은 사마리아교를 시내산 언약 체계의 저질적 왜곡으로 볼 수밖에 없었다. 그러나 요한은 4장에서 다음과 같이 말한다. 구원의 가능성이 오직 위에서 오신 분의 은혜로만 가능하기 때문에, 결국 이방 우상숭배와 타협하고 혼합 종교로 더럽혀진 사마리아 죄인들까지도 시내 언약의 성취로 오신 그리스도의 은혜로 구원을 얻을 수 있는 것이다.

그런데 사마리아 여인에게도 자존심이 있었다. 그래서 자신은 시내산 언약 체계로 살 수 있다고 주장한다. 조상 야곱이 준 우물로 살아가기 때문에 예수의 물이 필요 없다고 말한 것이 바로 이 뜻이다. 여기서 예수가 주는 물은 성령, 즉 하나님의 힘을 의미한다. 계속 반복하듯이 물은 생명을 주는 성령을 상징한다.

마르지 않는 생수를 약속함

한편 조상 야곱의 우물에 매인 사마리아 여인에게 예수가 생수를 약속한다(4:10). 여인은 야곱의 우물에서 물을 얻어 잘 살고 있는데, 길가는 나그네가 물 한 모금 달라고 하더니, 정작 자기는 목마르지 않는 물을 준다고 한다. 그러자 사마리아 여인은 그 말을 이해하지 못하고 아래 세상의 사람으로서 순전히 물리적인 관점에서 대답한다(오해). 시내 언약의 은혜로 살고 있기 때문에 더 이상의 은혜가 필요 없다는 것이다.

여인이 말하는 야곱의 우물을 이해하려면 우선 중동 사막 지역의 오아시스를 생각해야 한다. 사막 지역에서 오아시스는 한 부족의 생명을 지탱한다. 야곱의 자손들(사마리아인들은 자신들도 유대인과 마찬가지로 야곱의 자손이라고 주장한다)은 그 조상 야곱이 준 우물, 곧 오아시스에서 물을 공급받아 농사도 하고 목축도 하며 살아 온 것이다. 여기서 야곱의 우물은 더 깊은 의미로 시내 언약 체계, 즉 율법의 언약 체계

1. 완성의 새 시대

를 상징한다. 그러므로 사마리아 여인은 자기네 부족이 하나님께서 자신들의 조상 야곱에게 주신 언약-시내 언약으로 표현된 언약-에 의해 생명을 얻을 것이라고 주장한다.

예수께서는 이 여인에게 야곱의 우물은 결국 목마르게 한다고 말씀한다. 지금까지 거기서 농사 짓고 목축도 하고 식수를 얻었을지라도, 즉 시내 언약 체계에 따라 하나님의 백성 노릇을 했을지라도, 그 조상에게 주어진 언약은 다시 목마르게 할 뿐이지, 진정한 구원이 될 수 없다는 뜻이다. 이것은 마치 포도주가 떨어진 가나 혼인 잔치와 같다. 거기에는 진정한 종말의 구원이 없다. 목마름의 진정한 해소가 없다. 예수께서 주는 물은 영생을 주는 성령을 말한다. 구원사적으로 보았을 때, 예수는 시내 언약의 종말론적 완성을 가져왔다. 종말에는 성령이 물같이 퍼부어지리라 보았는데(요엘 3:1-5), 예수는 위의 세상의 영을 이 아래 육신의 세상에 가져와서, 진짜 삶, 신적 삶을 살게 할 것을 약속한다. 예수 자신이 주는 물은 물리적 의미의 물이 아니고 초월에서 오는 성령을 의미하는데, 그 물은 다시 목마르게 하는 것이 아니다. 이것은 곧 신적 생명을 얻게 하는 성령을 두고 하는 말이다. 4장의 강조가 바로 이것이다.

이 본문을 통해 예수의 상담 원리를 찾고자 하는 사람들이 있는데, 그들은 성경을 제대로 해석할 줄 모르고 문자적으로, 피상적으로 읽는 사람들이다. 요한은 그런 의도로 본문을 기록하지 않았다. 요한복음 4장은 예수께서 사마리아 여인을 '상담' 한 것이 아니다. 이른바 성경적 상담을 한답시고, 성경 구절들을 문자적으로, 피상적으로, 그리고 작위적으로 꿰맞추어 '성경적 원리들' 을 구성하려고 하는 행위는 오히려 성경의 진정한 가르침을 크게 왜곡하는 결과를 빈번하게 낳는다. 성경은 상담 교과서도 아니고, 경제학 교과서도 아니며, 물론 천문학이나 물리학

교과서도 아니다. 성경은 어디까지나 하나님의 **구원의 복음을 선포하는 책이다. 케뤼그마의 책이다.**

성경 전체를 통해 하나님이 인간과 세상과 어떻게 관계하시는지를 깊이 터득하여, 성경적 세계관, 인생관, 가치관 등을 확립하고, 그 관점에서 하나님의 일반 계시와 은총에 힘입어 얻은 통찰력(심리학적인 것이든, 사회학적인 것이든, 물리학적인 것이든)을 조명하여 성경적 상담 원리를 발견해 가야 하는 것이다. 이렇게 하기 위해서는 성경에 대한 올바른 해석과 깊은 신학적 사고 능력을 갖추어야 하며, 제반 과학의 통찰력을 성경적 관점에서 또는 신학적으로 비판하고 통합할 수 있는 능력도 갖추어야 한다. 이런 능력을 갖추지 못한 사람들이 성경 구절을 작위적으로 짜 맞추어 성경적 상담, 성경적 교육, 성경적 경제 등의 원리들을 세운다고 주장할 때, 하나님의 말씀이 생명을 주기보다는 그 반대 결과를 초래하는 경우가 허다하다. 요한복음 4장은 예수께서 타락한 생활을 하는 한 여인을 어떻게 '상담' 했는지를 보여 주는 것이 아니다. 어떻게 예수가 성전 중심의 시내 언약 체계를 완성하여 심지어 사마리아인들에게도 이제 하나님을 모조품적으로가 아니라 실체적으로 알고 예배하게 하여 구원을 얻게 하시는지를 설명하고 있는 것이다. 그리므로 항상 신학 전체에 대한 성숙한 안목을 가지고 있어야 한다.

다시 정리하면 2장 잔치의 표적은 예수께서 구약 또는 시내 언약을 종말론적으로 완성하여 구원을 가져왔다는 것을 말한다. 예수는 속죄와 새 언약의 제사로서의 자신의 죽음을 통하여 성전을 완성함으로써 종말의 구원을 가져왔다. 이래서 시내 언약 체계의 최고봉 니고데모도 (3장), 시내 언약 체계의 가장 낮은 자리에 있는 사마리아 여인도(4장) 모두 위에서 온 하나님의 은혜로 아래에서 위로 올라가는 구원이 가능하게 되었다. 이것은 모두에게 기쁜 소식이다. 이 기쁜 소식은 심판과 구원이란 양면을 지닌다. 유대교, 플라톤 철학, 사마리아교 모두 구원이 없다. 그런 것들에서 구원을 얻으려고 하는 것은 출애굽 때의 이스라엘이 하나님이 마련해 주신 구리뱀을 쳐다보지 않고 아래에서 자기 꾀로 이리저리 뱀을 피해 보려다가 죽은 것과 같다. 하나님이 마련해 주신 구원의 방도, 곧 십자가에 들려 올려지는 그리스도를 통해서만 구원이 있다. 인간은 하나님의 은혜로만 구원을 얻을 수 있다.

오늘날도 많은 사람들은 인간의 지혜-과학과 기술-를 개발하여 인간의 문제들을 다 해결하고 구원에 이를 수 있을 것으로 생각한다. 니고데모같이 학문이나 종교심 또는 도덕심을 갈고 닦아 구원을 얻으려 하거나, 사마리아 여인같이 자신의 종교적 또는 문화적 유산(조상 야곱이 준 우물)에 의지하여 구원을 얻으려 한다. 그러나 요한복음 2-4장은 이렇게 말하고 있다. 우리는 우리의 내재적 자원들을 동원하여 스스로 구원을 이룰 수 없다. 우리는 위에서 오는 성령의 힘으로 거듭 나야만 하나님 나라에 들어갈 수 있고 영생을 얻을 수 있다. 위, 곧 하나님의 초월에서 오신 그의 아들 예수 그리스도가 이 아래 세상에 없던 구원을 이루셨다. 그러므로 오로지 그리스도를 믿음으로만 성령을 받고 하나님을 알아 영생을 얻을 수 있다.

②

완성의 새 시대를 가져온
참 메시아 예수
(5-10장)

2-4장 에서 천명한 복음의 진리, 곧 위에서 오신 하나님의 아들 예수 그리스도가 구약을 성취하여 종말의 구원을 완성하셨다는 것을 요한복음 5-10장에서는 유대교에서 구원을 상징하는 절기들과 연결시켜 설명한다. 이 장들은 예수께서 유대 절기와 제도의 의미를 실현하는 참 메시아임을 밝히고 있다. 5장에서는 두 치유 사건(4:46-54; 5:1-9)이 유발시키는 안식일 논쟁을 통해 예수께서 안식일이 상징하는 바인 구원을 완성해서 우리에게 생명을 주시는 분임을 설명한다. 6장에서는 예수께서 유월절을 완성하는 것을 보여 준다. 7-9장은 예수께서 초막절 뜻을 완성한다. 예수께서는 이렇게 유대교의 중요한 제도들(institutions)을 완성함으로써 자신이 참 메시아 됨, 즉 하나님 백성의 참 목자 됨(10장)을 드러낸다.

1) 고관의 아들과 베데스다 못가의 병자 고침(4:43-54; 5장)

병자 치유와 안식일

이 두 표적은 예수가 종말의 완성으로 말미암아 생명(영생)을 가져왔음을 보여 준다. 안식일에 솔로몬 행각이 있는 베데스다 못가에 병자들이 누워 있었다. 일 년에 한 번 물이 동할 때 물에 먼저 뛰어들면 병이 낫는다는 믿음이 있었다. 그런데 38년 동안 앓아 온 병자는 도저히 먼저 들어갈 수가 없었다. 다시 말해 혼자 힘으로 어떻게 할 수 없는 상황에 처해 있어서 자력 구원이 불가능한 사람이다. 자신을 도와 밀어 줄 사람조차 주변에 없다는 것은 그가 처한 인생의 상황을 말해 준다. 아무도 자신을 구원해 주지 못하는 것이다. 그런데 여기 구원의 기쁜 소식이 있다. 밖에서 누군가 그를 구원해 주기 위해 왔다. 바로 예수께서 그의 곁에 온 것이다. 예수께서 병자에게 와서 그 병을 낫게 했다.

유대인들은 예수께서 안식일을 범한다고 시비한다(요 5:10-16). 이 세상의 대표인 유대인들은 아래 세상의 관점에서 스스로 이해한 하나님의 율법에 따라 이 사건을 해석한다. 따라서 당연히 오해가 발생한다. 즉 유대인의 관점에 따르면 예수께서 안식일을 지켜야 하는 율법을 범한 것이다. 이것에 대해 예수께서 긴 강해로 대답한다(5:17-30). 예수는 병자를 고쳐 안식일의 원래 의미를 실현한다고 말씀한다. "내 아버지께서 이제까지 일하시니 나도 일한다(5:17)"고 하였다. 안식일에 예수께서 병자를 고친 것은 아버지께서 일하고 계심의 표징이요, 예수 자신이 아버지의 그 일을 대행함을 나타낸 것이다.

진정한 안식일을 잃어버린 인간

여기서 안식일의 의미를 곰곰이 되짚어 봐야 한다. 안식일 문제로 예수와 유대인들 사이에 일어나는 요한복음 5장의 오해와 논쟁은 신학적으로 공관복음과 똑같다. 공관복음에서도 예수께서 바리새인이나 서기관들과 제일 첨예하게 부딪힌 문제는 바로 예수께서 안식일 율법을 범한다는 것이었다. 즉 예수께서 안식일에 병자를 고친다는 것이다.

그러면 예수께서는 왜 안식일에 병자를 고쳤는가? 유대인들과 그처럼 첨예한 논쟁을 일으키고 심지어는 핍박까지 받으면서, 또한 그들에게 자신을 죽이고자 하는 마음까지 불러일으키면서(요 5:16-18) 예수께서는 왜 하필이면 안식일에 병자를 고친다고 주장하는 것인가?

예수께서 본래 성격이 좀 괴팍하거나 얄궂기 때문에 유대인들을 골탕먹이려고 그렇게 한 것인가? 좀 서둘러 하루 전에 병자를 고치든지 아니면 조금 기다렸다가 그 다음날 치유할 수도 있지 않는가? 그처럼 큰 논쟁과 갈등과 위험을 불러올 일을 왜 그렇게 꼭 안식일에 하는가, 그렇게 해서 유대인의 적대감을 꼭 사야 하는가 말이다.

여기에 바로 깊은 신학적 의미가 담겨 있다. 우선 안식일이 어떤 날인지 생각해 보자. 구약성경이 말하는 안식일의 의미가 무엇인가? 원래 의미는 하나님이 태초에 천지를 창조하실 때 엿새 동안 행하신 창조 사역을 통해 완성한 피조물, 즉 심히 아름다운 하나님의 완전한 창조를 기뻐하시며 즐거워하시는 것이다. 하나님께서는 엿새 동안 창조하는 일을 마치셨고, 하나님이 창조하신 피조물은 모든 것이 심히 아름다운 상태였다. 따라서 하나님께서는 이제 더 이상 할 일이 없게 되셨다. 하나님의 창조가 완전한 것이기 때문이다. 이와 같은 하나님의 **완전한 창조**, 곧 **생명이 충만한 창조를 기뻐하고 즐긴다**는 것이 안식일의 진정한 뜻이다.

그런데 무슨 일이 벌어졌는가? 생명이 충만한 창조 세계가 타락하는 사건이 발생하였다. 아담이 사탄의 속임을 받아 스스로 하나님이 되고자 하였다. 즉 창세기 3:5이 말하는 것처럼 "네 스스로 하나님같이 되라"는 사탄의 말을 듣고 꼬임에 빠졌다. 이로써 아담은 사탄의 통치 아래로 떨어지게 되었다. 아담은 이제 자기가 자기에게 하나님이라고 주장하며 스스로 하나님 노릇 하겠다는 것이다.

이것이 의미하는 바는 무엇인가? 한마디로 말해, 자기 내재적 자원으로 자신의 안녕과 행복을 확보하겠다는 것이며, 자신의 존재 의미를 스스로 세우겠다는 주장이다. 즉 자기 자신이 스스로 하나님 노릇 하겠다는 것이다. 이와 같은 아담의 타락, 다시 말해 죄란, 피조물인 인간이 스스로 하나님같이 되고자 하는 것이다. 이것이 바로 교만이다.

죄, 곧 인간이 스스로 자기 주장을 하는 교만은 이렇게 창조주이신 하나님을 부정하고 무시하는 것이어서, 창조주로부터 분리되는 결과를 가져온다. 더 이상 창조주에게 자신을 열고 도움을 받는 삶의 자세가 아니고, 창조주에게 자신을 닫아 버리는 자세를 취하는 것이다. 창조주 하나님과 이렇게 분리됨으로 인해 더 이상 그분의 '무한함'으로부터 공급받는 삶이 아니라, 이제는 자신의 내재적 자원으로 자기 존재의 의미와 안녕과 행복을 확보하겠다는 것이다. 결국 자신을 자신 안에 스스로 닫아 버리는 행위를 한 셈이다. 그래서 창조주에게 의지하여 창조주의 무한한 부요함에서 자원을 공급 받아 쓰는 게 아니라, 자기 자신의 자원으로 충분히 자신의 존재 의미와 안녕과 행복을 확보하려는 것이다. 아담은 이제 자기 자신 안에 있는 **내재적 자원**으로 살아야 하는 것이다.

그런데 이 내재적 자원이라는 것이 도대체 무엇인가? 인간이 스스로 갖고 있다고 주장하는 내재 자원은 무엇보다도 **한계**라는 특징이 있다.

한계성이라는 특성은 어떻게 드러나는가? 바로 결핍으로 나타난다. 예컨대 지혜가 부족하여 어떻게 해야 할지 잘 모르고, 내일 무슨 일이 일어날지 알 수 없어 불안하고, 능력이 부족하여 인생에서 만나는 문제들을 제대로 해결할 수 없는 한계 상황에 처한다. 또 사랑이 부족하여 갈등투성이인 삶을 살아야 하고, 공간의 제약을 받아 무소부재함의 자유도 없고, 시간에 속박됨으로 시간이 흐름에 따라 변화의 노예가 되어 늙고 병들고 죽어야 하는 존재가 된다. 이것이 바로, 더 이상 창조주 하나님의 무한한 부요하심을 의지하지 않고 스스로 지닌 자원만으로 살겠다고 한 인간의 실존이다.

이처럼 한계성이라는 특징을 가진 존재에게 필연적으로 나타나는 '결핍'으로 인해 인간에게 무엇이 초래되었는가? 바로 고난이다. 육신의 병고와 심리적 아픔과 사회적 갈등과 가난 등과 같은 모든 고난은, 궁극적으로 인간의 '결핍성'에서 나온다. 이 모든 고난은 무엇인가? 필자가 늘 주장하듯이, 그것은 죽음의 증상들이다. 바로 고난이란 죽음이라는 병에 걸려 있다는 증표가 된다. 말하자면, 고난은 우리 인간이 죽음의 권세 아래 놓여 있다는 것을 증표하는 셈이다. 하나님을 떠난 인간의 실존은 생명의 근원인 내지에서 뿌리뽑힌 나무와 같다. 대지로부터 뿌리가 뽑혀서 양분과 수분을 공급받지 못하는 나무는 적어도 한동안은 살아 있을 수 있다. 그러나 그렇게 살아 있고 잎이 푸르다 하더라도 그 나무는 대지에서 뿌리뽑힌 순간부터 죽음의 권세 아래 놓인 것이며, 그때부터 죽음의 증상들이 서서히 나타나기 시작한다. 차차 잎이 시들고 가지가 마른다. 이런 현상들이 바로 그 나무가 죽음에 처해 있다는 증표이다. 이와 같이 인간의 고난이라는 것은 죽음의 증상들이다.

2. 완성의 새 시대를 가져온 참 메시아 예수

하나님을 떠난 인간에게는 참 안식 없어

자기 주장을 하려는 의지를 내세운 아담은 이제 자신이 자신에게 하나님 노릇을 하려고 하는데, 이것은 어떻게 나타나는가? 스스로 일을 해서 살아가려는 것으로 나타난다. 자기 지혜와 능력을 동원하여 자연을 이용해서 자기의 빵을 얻고자 한다. 일을 해서 식량을 얻으려고 한다. 왜 그렇게 하는가? 자기의 생명을 확대하기 위해서다. 자기의 삶을 확대하고 안녕을 확보하는 길은 자신의 힘으로 일하는 것이라고 생각한다. 그런데 한 번 생각해 볼 것이 있다. 인간의 일이라는 게 도대체 무엇인가? 인간의 것들, 즉 문명이라는 것에는 분명히 우리의 생명을 확대하는 면이 있다. 인간에게 생명을 더 누리게 하고 의미와 행복과 안녕을 더해 주는 측면이 있다. 그러나 인간의 일은 이렇게 '생명'만 확대하는 것이 아니라 동시에 '죽음'을 확대하는 측면도 있다. 따라서 인간의 일이란 생명과 죽음을 동시에 확대한다는 특성이 있다. 즉 인간의 일이라는 것은 변증법적이다.

예를 들어, 18세기 산업혁명을 생각해 보자. 산업혁명이란 도대체 무엇인가? 자연과학 지식을 생산 수단에 응용함으로써 소비재가 폭발적으로 증가한 것이 바로 산업혁명이다. 이 같은 산업혁명이 우리의 삶을 얼마나 풍요롭게 했는가? 여러 방면에서 '생명'을 많이 확대했다. 하지만 동시에 바로 그것이 인간성을 얼마나 황폐화시키고 물질화시켰는가? 이 사회의 인간관계를 완전히 물질화시킴으로 우리에게 엄청난 죽음을 가져왔다. 산업혁명이 공해로 나타나고, 과학과 기술 발달이 첨단 무기로 변해 인류를 살상하고 우리 인간을 엄청나게 피폐하게 만들었다.

예컨대, 흔히 들고 다니는 휴대폰이 우리의 자유를 얼마나 확대했는가? '생명'을 확대한 면이 있지만 동시에 그것이 우리를 얼마나 옭아매고 있는가? 심지어 학교에서 강의 듣는 중에도 전화벨이 울리면 할 수 없이 전화를 받지 않는가? 우리에게 많은 자유를 가져다 주는 휴대폰이 동시에 우리를 이렇게 속박하기도 한다. 휴대폰이 거의 독재자 같을 정도이다. 부모님 말은 안 들어도 이 전화벨 소리에는 꼼짝 못한다. 우리로 하여금 시간과 공간을 극복하게 해서 우리의 자유를 확대하는 통신수단이 동시에 우리를 절대적으로 옭아매는 도구로도 다가와 있다. 도청장치가 얼마나 발달했는지 이제는 안방에서 부부 사이에 속말을 주고받지 못하는 그런 시대가 아닌가? 아마도 조금만 더 지나면 미국 중앙정보국 같은 데서는 다른 사람의 머리 속에 들어 있는 생각까지 읽어내는 장비를 만들어 낼지도 모른다. 앞으로는 자기 머리 속에서도 자유롭게 생각하지 못할 정도로 자유를 완전히 뺏기는 사회가 당도할지도 모른다. 이처럼 인간의 일이란, 문명이란, 생명만 확대하는 것이 아니고 동시에 죽음도 확대한다.

또 한편으로 다음과 같이 생각해 볼 수도 있다. 한국 40대 남자의 사망률이 세계에서 가장 높다고 한다. 왜 그렇게 젊은 나이에 많이 죽게 되는가? 죽어라 일하니 죽는 것이다. 그런데 왜 죽어라 일하는가? 열심히 일하기만 하면 생명이 확대되는 줄 알기 때문이다. '잘살아 보세' 하면서 죽어라 일해 생명을 확대하려고 하였다. 그러다가 결국 죽고 만다. 우리 인간의 일이란 이렇게 삶과 죽음의 변증법적 구조 속에 있다.

그래서 문명사에서는 주기적으로 반문명 운동, 즉 낭만주의 계열의 운동이 일어난다. 일, 곧 문명을 통해 생명을 확대하는 줄 알고 열심히 일하다 보니, 어느 날 죽음도 엄청나게 확대되어 있는 것을 발견하면서 인간은 놀라게 된다. 그래서 문명을 폐기하자는 낭만주의 계열의 반문명 운동이 주기적으로 발생한다. 그럴 때마다 항상 등장하는 구호가 무엇인가? 문명 따위는 집어치우고 "자연으로 돌아가자"는 구호이다. 하지만, 그렇게 문명을 때려치우고 자연으로 돌아가면 거기에 구원이 있는가? 가장 최근의 반문명 운동은 1960년대 말부터 1970년대 초까지 있었던 이른바 '히피 운동'이다. 그러나 거기에 구원이 있었는가? 그렇지 않다.

우리 인간은 어차피 일을 함으로써 생명을 확대하며 살 수밖에 없는 구조 속에서 살아간다. 이게 바로 아담적 실존이다. 그렇기 때문에 이제 우리 인간에게는 태초에 누렸던 의미의 안식은 더 이상 없다. 다시 말해 이 세계에는 더 이상 생명이 '충만'한 안식은 없는 것이다. 이 세상은 아주 치명적으로 고장났다고 할 수 있다. 죄와 죽음으로 인해 인간과 우주는 태초에 하나님이 선언하셨던 '심히 아름다운 상태'가 이제 아니라는 것이다.

안식일 명령은 하나님만을 의지하라는 말씀

그러므로 성경이 가르치는 안식일을 올바로 이해하기 위해서는, 태초에 하나님이 세상을 창조하셨을 때 '보시기에 좋았다'고 선언하심으로써 인간에게 주어졌던 그 안식이 지금은 우리 가운데 있지 않다는 사실을 심각하게 인식해야 한다. 그렇다면 '안식일을 지키라'는 십계명의 제4 계명을 어떻게 이해해야 하는가? 간단히 말해 안식일은 한편으로 태초의 안식을 기념하고 다른 한편으로는 종말에 있을 온전한 안식, 즉 하나님께서 이루실 구원의 완성으로서 새 창조 때에 있을 진정한 안식을 고대하라는 의미로 이해해야 한다. 다시 말해, 제4 계명은 고장난 우주가 온전하게 회복되어서 죄와 죽음이 완전히 제거된 상태, 다시 하나님 보시기에 심히 아름다운 상태가 되어서 생명이 충만한 상태가 될 때에 있을 안식을 추구하라는 말씀이다.

그러면 어떻게 태초의 안식을 기념하면서 종말의 안식을 추구할 수 있는가? 지금 우리는 타락한 구조 속에 존재하기 때문에 종말의 완성을 향해 가면서도 일하며 살 수밖에 없다는 점을 우선 인식해야 한다. 일단 우리는 이곳에서 일하면서 그 일을 통해 우리의 생명을 확보하는 수밖에 없다. 그러나 우리의 일이 궁극적으로 우리의 구원이 아니라는 점을 아는 것이 결정적으로 중요한 사항이다. 우리의 일을 통해 확대되는 생명이란 기껏해야 죽음의 증상과 함께 다가올 뿐이다. 죽음의 그림자가 드리워져 있지 않은 생명을 우리의 일로는 도무지 만들어 낼 수가 없다. 그렇기 때문에 제4 계명을 지킨다는 것은, 설령 내가 나의 일로 생명을 확보하려는 삶의 자세로 살고 있다 하더라도 한 주간 가운데 하루는 나의 일로 생명을 확보하려는 삶의 방식을 중단한다는 뜻이다.

그러므로 안식일은 꼼지락도 하지 않는 날이 아니라 '생업(生業)'을 중단하는 날이다. 내가 하는 일을 중단함으로 나의 일로 나의 안녕과 행복을 확보하려는 그런 삶의 자세를 부인하고, 나의 **안녕**과 **생명**이 오로지 **하나님에게서 온다**고 신앙 고백 하는 날이다. 이것이 안식일을 지킨다는 의미이다. 하나님과 올바른 관계 속에서 아담(나)에게 충민한 삶이 있었던 태초의 안식을 기념하면서, 동시에 종말에 하나님과 올바른 관계 회복 가운데 있을 충만한 삶 곧 참된 안식을 기대하면서, 오늘 여기 이 땅에서 내가 내 일을 통해 내 생명을 확보하려는 태도, 곧 나의 힘으로 내게 하나님 노릇 하려는 태도를 중단하는 것이다. 이는 내 인생의 의미와 안녕과 행복이 오로지 하나님에게서 온다고 신앙 고백 하는 것이요, 하나님을 하나님으로 인정하는 **믿음**이 내게 있다는 것을 의미한다. 그렇기 때문에 우리는 안식일에 생업을 중단하고 예배를 드리며 하나님께 은혜를 구하는 것이다. 안식일을 지킨다는 것은 내가 내 힘으로 스스로 살 수 있다는 것을 거부하고 오로지 하나님의 부요함에서 오는 것으로 살겠다는 것을 의미해야 한다. 또한 안식일을 지킨다는 것은 앞으로 다가오는 엿새 동안도 동일한 자세로 살겠다는 고백을 함께 내포해야 한다. 타락한 이 세상 속에 자신이 살고 있어서 일을 통해 생명을 확보할 수밖에 없지만, 그럼에도 불구하고 자신이 하는 일에 결코 절대적인 의미를 부여하거나 의지하지 않고, 도리어 하나님께 의지해 살겠다는 신앙적인 결단과 헌신을 의미한다.

그러므로 안식일을 지킨다는 것은 이 세상 일을 절대로 우상화하지 않는다는 의미이다. 즉 '내가 하는 일로 말미암아 나에게 구원이 있다', '이 일에 나의 구원이 달렸다', '내가 내게 하나님 노릇 하겠다', '내재의 자원으로 내가 스스로 살 수 있다'는 식의 태도를 취하지 않는 것이다. 다시 말해, 이 세상 일을 과격하게 상대화하는 것이다. 그래서 나의 구원이 오직 하나님께 달려 있고, 나의 일은 어디까지나 하나님을 섬기고 내 이웃을 섬기는 장이라고 생각하는 태도이다. 자신의 일을 절대화하지 않고 자신의 일을 하나님과 이웃을 섬기는 소명의 장으로 보는 태도이다.

이렇게 되면 우리가 어떤 태도를 취하게 되겠는가? 죽어라 일해서 죽어 버리는 상황은 벌어지지 않을 것이다. 자기의 일을 의지하고 절대화하여 일하는 사람에게 나타나는 삶의 태도는 무엇인가? 착취의 태도이다. 어떻게 해서든 이웃의 것을 빼앗아 자기 목표와 영역을 넓히려고 한다. 안식일을 지킨다 하면서도 이런 태도와 인생관을 견지하고 있다면, 그것이야말로 안식일을 형식적으로 지키는 것이다. 안식일을 주신 본래 의도대로 안식일을 지킨다는 것은, 결코 자기 자신의 힘과 자원을 신뢰하지 않고 오직 하나님을 의존하고 하나님의 은혜만 바라는 태도를 지니는 것이다.

이렇게 되면 결국 부(富)도 비교적 공정하게 재분배되고 사회 정의가 확대되며 인간관계에도 화해가 일어날 것이다. 그만큼 '샬롬'이 확대될 수 있다. 하나님의 하나님 노릇 해 주심을 인정하고 이에 복종함으로 평안이 증대되고 그만큼 이웃과의 관계에서도 샬롬이 일어나게 된다.

또한 안식일을 바르게 지킨다는 것은 안식일 이후 엿새 동안도 안식일을 지키는 태도로 살겠다는 서약을 포함한다. 그리고 그런 태도로 살려고 노력하겠다는 다짐도 포함한다.

이렇게 안식일을 지킴은 생업을 중단하고 하루를 하나님에 대한 예배와 쉼 속에서 지내면서, 아담적 삶의 자세를 지양하고, 이로 인한 죽음의 확대를 저지하며, 하나님께 의지하고 순종함으로써 나와 내 공동체 전체에 하나님의 삶이 확대되도록 하겠다고 다짐하는 것이다.

그러나 안식일을 지킨다는 것의 이런 신학적인 뜻을 이해하지 못한 유대인들, 특히 율법 선생이던 서기관들과 경건 운동을 한 바리새인들은 십계명의 제4 계명을 그저 꿈쩍도 안 하는 날로 이해했다. 그렇기 때문에 그들은 하나님의 치유를 가져와 안식일을 회복하는 예수를 보고 오히려 안식일의 법을 어겼다고 핍박하였다. 오늘날도 정통 유대교도들은 안식일을 그렇게 이해하고 있다.

기독교 전통 가운데 영미 청교도들은 안식일을 바리새적으로, 그저 꼼지락도 않는 날로 율법화하였는데, 그 전통이 한국에 들어와 신학적 이해가 약한 한국 교회의 율법주의에 큰 영향을 끼쳤다. 그래서 기독교 병원이랍시고, 주일에는 죽어 가는 응급 환자를 데리고 가도 문을 걸어 잠그고 치료를 거부하기도 하고, 주일에 차를 타면 안식일을 어긴다고 생각하여 십 리고 이십 리고 교회를 걸어가야 한다고 우기기도 했다. 그런 율법주의는 실제로 예수님과 바울 사도의 가르침에 어긋난 것이다. 더욱이 복음이 가져다 주는 그리스도인의 자유를 누리지 못하게 하며 모순과 위선에 빠지게 할 뿐 아니라, 안식일을 올바로 지키지 못하게 한다. 옛 농경 사회와는 달리 아주 복잡하게 서로 얽혀 있는 현대 사회에서 안식일을 일률적으로 꼼지락도 않는 날로 지킬 수는 없다. 주일에도 어떤 의사는 당직을 해야 하고, 핵발전소 기사, 공공 교통수단의 운전사, 정부의 누구, 기업체의 몇몇은 직장을 지켜야 한다. 그래야 공동체 전체의 삶이 유지되고 확대되기 때문이다. 안식일은 꼼지락도 않는 날이 아니라, 자신의 일로 자신의 생명을 확대하는 일은 중단해야 하지만, 이웃과 공동체 전체의 삶을 확대하는 일은 해야 한다. 고장 난 세상을 고쳐 다시 생명이 충만한 세상, '심히 아름다운 세상'으로 만들어서 진정한 안식일을 가져오려는 주의 역사에 동참하여, 병자들을 치유하고, 외로운 이들을 위로하고, 가난한 이들을 돌보는 일 등 선한 일은 해야 하는 것이다. 어쩔 수 없이 주일을 안식일로 지킬 수 없는 의사나, 핵발전소 기사 등은 일주일 중 다른 한 날을 정하여 안식일로 지키는 것이 중요하다.

　이런 현대 사회의 복잡성과 상호의존성을 고려한다면, 교회가 그들을 위해 일요일뿐 아니라 토요일이나 월요일에도 예배 드리는 프로그램을 만들어야 한다. 어차피 한국의 일요일 아침은 이스라엘의 토요일 밤이고, 미국의 토요일 낮 아닌가? 그런데 꼭 로마의 그레고리 월력에 맞추어 주일을 성수해야만 하는가? 또한 일부 한국 교회에서는 주일 성수를 한다는 명분으로 성도들을 새벽부터 저녁까지 계속되는 프로그램에 참여시킨다. 그래서 개인이나 가정의 쉼도 없게 하고, 결국에는 아담적 삶을 반성하고 앞으로 안식일을 지키는 자세로 살겠다고 신앙적으로 결단할 수 있는 마음의 정적도 갖지 못하게 하는데, 이는 반성해야 할 일이다. 진정한 안식일 지킴을 위해서는 예배와 쉼과 선행이 적절히 조화를 이루어야 한다.

쉼 없이 지금까지 일하시는 하나님

그런데 여기 요한복음 5장에 어떤 상황이 그려지고 있는가? 태초의 안식을 기념하고 새 창조의 안식을 희구하여 모이는 이 안식일에 38년 된 병자가 누워 있다. 이 병자는 아무런 희망이나 소망도 가질 수 없는 상태이다. 이 병자가 의미하는 것, 그리고 병고의 고난이 상징하는 바는 무엇인가? 바로 '원래의 **안식일**이 더 이상 **없음**'을 아주 극적으로 표현하는 것이다. 태초에 선포된 심히 아름다운 상태인 생명이 충만한 상태가 아니라고 선언하는 셈이다. 우리에게 더는 안식이 없다는 것을 아주 극적으로 보여 주고 있다. 다시 말하면, 빨리 이 죽음과 고난이 제거됨으로 다시 한 번 심히 아름다운 상태, 다시 한 번 생명이 충만한 상태가 회복되야만 한다는 것이다. 5장은 그런 참된 안식을 절규하는 하나의 극(劇)인 것이다. '38년 된 병자'가 이 '안식일'에 누워 있나는 섯 사체가 이를 그려내고 있다.

'안식일'에 회당의 예배 모임에 '손 마른 자'가 나타났다는 것은 무슨 뜻인가? 더 이상 안식일이 없다는 뜻이다. 그러므로 종말의 안식일이 빨리 도래해야 한다는 것이다.

그런데 이렇게 절규하는 상황 가운데 등장하신 예수께서는 무엇을 행하는 분으로 나타나는가? 공관복음적인 언어로 표현하면, 예수께서는 사탄의 세력을 꺾고 하나님의 의와 통치를 실현하는 분이다. 그렇게

2. 완성의 새 시대를 가져온 참 메시아 예수

함으로써 예수께서는 모든 죽음과 고난을 제거하고 참 안식일을 가져오는 분이다. 또 요한복음적인 언어로 말하면, 영생을 가져오는 분이다. 안식일의 카테고리로 말하면 예수께서는 안식일이 참으로 존재하게 하는 분이다. 진정한 안식일이 더 이상 존재하지 않는 이 세상에 안식일을 새로 창조하는 분이 바로 예수이며, 그것을 가장 극적이고 효과적으로 표현하기 위해 예수께서는 안식일에 병자를 고친 것이다. 안식일에 병자가 있으면 더 이상 참 안식일이 아니며, 또한 그것은 우리에게 빨리 참 안식일이 있어야 함을 말하는 것이기도 하다. 반면 안식일에 병자를 고친다면 그것은 예수께서 종말에 진정한 안식일을 가져오고 새 창조를 이루는 분임을 드러내는 것이다. 안식일에 병자를 고친 일이 이를 가장 효과적이고 드라마틱하게 드러내 보이고 있다.

안식일을 지키는 문제와 관련해서 유대 랍비들은 많은 토론을 했다. 예컨대 하나님께서 안식일을 지키시는지 지키지 않으시는지에 관해 토론했다. 창세기를 보면 안식일에 하나님께서 쉬셨다고 했다. 그런데 유대 랍비들이 가만히 생각해 보니 하나님께서 안식일을 안 지키시는 것 같았다. 왜냐면 안식일인데도 예를 들어, 노인이 죽기도 하고, 아이가 출생도 하기 때문이다. 생명을 주시는 것과 거두어 가시는 것은 하나님의 대권인데, 그렇다면 하나님께서는 안식일에도 그 권한을 사용하신다는 말이 된다. 문제는 이것을 어떻게 봐야 하는가이다. 아이가 태어나는데 안식일을 지키는가? 노인이 죽는데 안식일이라고 하루 더 있다가 죽는가? 그렇지 않다. 이렇게 되자 유대 랍비 신학은, 하나님께서는 모든 일을 쉬시되, 단지 생명 주는 일과 심판하는 일만은 안식일에도 하신다는 식으로 입장을 정리했다. 그런데 바로 여기서 예수께서는 뭐라고 말씀하는가? 그런 엉터리 같은 신학을 하지 말라고 한다. 하나님께서는 쉬지 않으신다. 하나님께서는 구원사의 역사를 계속하신다. 진정한 의미에서 안식일의 쉼이란 더는 없는 것이기에, 그것이 존재하도록 하기 위해서 하나님은 쉬지 않고 계속 일하신다는 것이다.

아담의 타락 이후 하나님께서는 계속 일하신다. 안식이 사라졌기 때문이다. 이 본문이 바로 그것을 말한다. 하나님의 일하심은 언제까지인가? 예수께서는 하나님께서 바로 지금까지 일하신다고 말한다. 예수께서는 하나님이 일하시면서, 지금 종말에 아들인 자신을 보내셔서 죽음을 극복하게 함으로써 진정한 안식일을 가져오게 하신다고 말한다. 예수께서는 자신이 병자를 고치는 일이 바로 이를 표적하고 있다고 설명한다. 예수께서 안식일을 가져온다는 것을 종말론적으로 표현하자면, 예수께서는 종말을 가져오는 분, 종말을 실현하는 분이라는 뜻이다. 이를 안식일이라는 표상으로 나타냈다. 따라서 요한복음 5장에 길게 토론되는 것은 무엇인가? 예수 그리스도가 종말을 실현하고, 죽음을 극복하며, 지금 우리가 그리스도를 믿으면 이미 사망에서 생명으로 옮겨 간다는 것이다.

이런 점에서 요한복음이 공관복음과 바울 신학에 비해 다분히 **실현된 종말론**을 강조한다는 점을 알 수 있다. 물론 공관복음과 바울 신학에도 실현된 종말론 사상이 있지만, 크게 보면 요한복음이 실현된 종말론적 관점을 더 강조한다. 그렇다고 해서 요한복음에 미래적 종말론 사상이 없는 것은 아니다. 요한복음 5장을 보면, 요한은 실현된 종말론 사상을 말한 뒤 곧이어 구원의 미래적 완성이라는 측면도 분명히 말한다. 즉 그리스도를 믿음으로 이미 지금 여기서 사망에서 생명으로 옮겼다는 말은 지금 여기서 우리의 구원이 완성되었다는 뜻이 아니다. 분명 구원의 미래적 완성이라는 측면도 있다. 예컨대 그리스도의 재림 때 무덤에 있는 자들을 불러내서 부활을 통해 미래적 구원의 완성에 들어가게 될 것이라고 가르친다. 그래서 요한복음 5장 안에는 실현된 종말론(realized eschatalogy)과 미래적 종말론(future esc-hatalogy)이 긴밀한 긴장 가운데 진술되어 있다. 요한복음 5장 24절은 "내 말을 듣고 또 나 보내신 이를 믿는 자는 영생을 얻었고 심판에 이르지 아니하나니 사망에서 생명으로 옮겼느니라"고 말한다. 즉 실현된 종말을 말한다. 그러나 바로 다음의 25절부터는 미래적 종말론을 말한다. "진실로 진실로 너희에게 이르노니 죽은 자들이 하나님의 아들의 음성을 들을 때가 오나니 곧 이 때라 듣는 자는 살아나리라." 이는 부활을 통해 하나님의 구원의 완성에 들어감을 말한다. 이처럼 요한복음 내에서도 미래적 종말론을 분명히 언급한다.

　이것을 다른 말로 표현하면 이른바 '아직 아니(not yet)'이다. 즉 아직 구원이 완성되지 않았다는 의미이다. 반면 실현된 종말론은 어떻게 표현할 수 있는가? '이미(already)', 즉 벌써 구원을 받았다는 뜻으로 구원이 지금 여기에 있다는 뜻이다. 말하자면 '이미(already)'와 '그러나 아직 아니(but not yet)'의 긴장이다. "이미 구원이 이루어졌다. 그러나 아직 완성된 것은 아니다" 하는 것은 신약성경이 공통적으로 말하는 종말론이며 구원론이다. 이 두 공통된 가르침이 요한복음에도 모두 나타나지만, 다만 요한복음에서는 실현된 종말론을 좀 더 강조한다.

　구원을 설명하는 이 두 차원의 관계에 대해 요한은 별다른 설명을 하지 않는데 반해, 바울은 양자의 관계를 설명한다. 바울은 벌써 얻은 구원을 '첫 열매'라고 한다. 또 이 첫 열매를 완성할 수확의 '보증금'이라고 말하기도 한다. 말하자면 구원의 보증금을 받는 것이다. 첫 열매가 마지막 수확을 보증한다는 것이다. 요한복음도 이 양면을 다 말하는데,

요한은 실현된 종말론 쪽을 좀 더 강조하고 있다고 봐야 한다. 어쨌든 구원의 이 두 차원은 신약 케뤼그마의 공통점이다.

예수님의 사역은 아버지를 따라 한 것

요한복음 5장에서 관찰할 수 있는 또 하나의 요소는 하나님의 아들인 예수와 아버지인 하나님의 관계이다. 예수께서는 아버지께서 일하시므로 나도 일한다고 했고, 아들은 자기 일을 하는 게 아니고 아버지가 하라는 대로, 아버지가 하는 일을 보고 그대로 한다고 말한다. 이는 고대 사회의 가업 계승이라는 그림을 사용하여 설명하는 것이다. 예수는 자신과 하나님의 관계를 고대 사회에서 일반화되어 있던 가업의 비밀을 전승하는 그림에 빗대어 설명한다. 가업이 아버지에서 아들로 계승될 때, 아버지는 자신이 하는 것을 보고 아들이 그대로 따라 하게 한다. 이렇게 가업을 전수해 주면서 그 가업의 비법이 형성된다. 가령 목수라면 어떻게 대패질하고 못질하고 나무를 짜는지 아들한테 그대로 따라 하게 해서 비법을 기르쳐 준다. 또 도자기를 굽는 일이라면 유약을 어떻게 바르며 어떻게 구워 내는지 그대로 보고 모방해서 배우게 한다. 이것은 그 아들과 아비지 사이에서만 가능하고, 이렇게 함으로써 아버지와 아들 사이에 가업이 전승된다. 그래서 가업 계승에는 비밀이 생기게 되고, 아주 배타적이고 은밀한 관계가 형성된다. 이런 고대 사회의 가업 계승의 그림을 사용하여, 예수께서는 자신과 하나님의 관계를 말하고 있다. 곧 자신만이 하나님 아버지를 알고 하나님 아버지를 계시할 수 있으며, 자신이 아들로서 아버지를 계시한다는 것을 선명하게 드러내고 있다.

그런데 창조주이신 하나님 아버지께서 하시는 일은 무엇인가? 앞에서 말한 것처럼 **생명** 주는 일과 **심판**하는 일이다. 예수께서는 자신이 하나님의 아들로서, 가업의 계승자로서 하나님의 생명 주는 일과 하나님의 심판하는 일을 한다고 말한다. 말하자면 하나님을 대신 한다거나, 하나님이 하시는 그대로 한다거나, 하나님이 하시는 일을 보고 그대로 한다는 것이다. 그러므로 자신이 하는 일은 곧 하나님이 하는 일이라고 여기서 주장할 수 있다. 그것이 안식일에 자신이 병자를 고치는 행위가 표적하는 바이다. 즉 예수께서 안식일을 성취하여 종말의 구원을 가져오는 분이라는 것이다. 요한복음 5장은 바로 이 복음을 우리에게 선포한다. 즉 죽음을 극복하고 새 창조의 구원을 가져옴으로써 생명을 충만케 하여 안식을 가져오는 분이 예수라는 것을 요한복음 5장은 가르쳐 주고 있다. 왜 예수께서 그렇게 할 수 있는가? 그분이 바로 하나님의 아들이기 때문이며, 하나님의 생명 주는 일과 심판하는 일을 대행하는 분이기 때문이다.

아들의 거부

세례 요한과, 하나님으로부터 위임받아 예수 자신이 하고 있는 일들과, 궁극적으로는 하나님께서, 예수 자신이 생명 주기와 심판하기의 신적 대권을 대행하는 하나님의 아들임을 증거한다고 예수는 5장 31-47절에서 말하였다. 구약성경도 예수를 증거하고 있으나, 자신들의 주장과는 반대로 유대인들이 구약 말씀을 진심으로 존중하지 않으므로(38절), 하나님의 말씀을 듣지 못하고 예수를 믿지 않는다고 예수께서 비난한다. 그들이 비록 성경은 연구하지만 성경의 증언을 받지 않는다는 것이다. 하나님을 사랑하지 않고 자신들의 영광을 추구하기 때문이다. 그러므로 최후 심판 때에 그들의 고소자는 구약성경에서 하나님의 말씀을 전달한 모세이다. 모세가 예수에 대하여 증언하였으나 사람들이 믿지 않았기 때문에 고소자로 나서게 된다.

2) 유월절에 광야에서 오천 명을 먹이고 물 위를 걸어 호수를 건넘(6장)

6장은 유월절에 예수께서 광야에서 오천 명을 먹이고(요 6:1-13) 물 위를 걸어 갈릴리 호수를 건넌(6:16-21) 표적에 대한 이야기로 시작한다.

유대인들의 해석(6:14-15)

이 이적들을 체험한 유대인들은 예수가 "세상에 오실 그 선지자"라고 생각하고 그를 왕으로 추대하려고 했다(요 6:14-15). 그들은 예수의 이 이적을 신명기 18:15에 근거한 그들의 소망으로 해석했다. 하나님께서 종밀에 모세와 같은 선지자를 일으켜서 이스라엘에게 제2 출애굽 구원을 주실 것이라는 소망을 예수가 이루리라는 '표적'으로 해석하였다. 애굽에서 이스라엘을 해방하여 홍해를 기적적으로 건너게 하고 광야에서 기적적으로 만나를 먹도록 한 모세와 같이, 예수께서 제2 출애굽 구원 또는 유월절 구원을 이루실 분이라고 해석하였다.

유대 신학은 종말을 태초의 회복이라고 보았다. '종말'은 항상 구원의 시대를 말한다. 구원의 시대에는 태초의 회복을 가져올 것으로 생각했다. 아담이 잃어버렸던 낙원이 회복되는 것으로 보았다. 출애굽은 이스라엘 민족의 구원 사건이었다. 그래서 유대인들은 출애굽 사건을 종말론적으로, 동시에 태초론적으로 해석하였다. 그리하여 이스라엘이 출애굽 하여 약속의 땅, 구원의 땅 가나안으로 가는 도중인 시내산에서 체험한 하나님의 영광의 빛은 태초에 있었던, 그러나 아담에 의해 상실된 하나님의 영광과 계시의 회복으로 보았고, 출애굽 때 광야에서 먹은 만나와 므리바의 물은 아담이 태초에 낙원에서 먹고 마셨던 천사들의 음식의 회복으로 보았다. 그러니 출애굽 구원('종말')은 태초의 회복인 셈이었다. 그런데 출애굽 이후 금송아지를 우상숭배 하는 일이 벌어졌다. 말하자면 아담의 타락이 재현된 것이다.

유대 신학은 메시아 시대, 즉 종말 시대의 구원을 출애굽 구원의 회복으로, 태초의 회복으로 이해했다. 그래서 메시아 시대의 종말의 구원을 제2 출애굽 구원으로 보았다. 여기에 신명기 18:15에 있는 하나님께서 모세와 같은 선지자를 일으키겠다고 하신 약속을 결부시켜, 종말에 모세와 같은 선지자가 와서 모세가 이룬 출애굽 구원을 재현하리라고 보았다. 그렇게 해서 태초에 잃어버린 낙원의 축복을 재현하리라고 기대하였다. 종말에 시온에 하나님의 영광이 다시 비추어서 태초에 아담이 잃어버린 하나님의 영광을 회복하리라 생각했다. 출애굽 때 시내산에 계시된 하나님의 영광이 다시 시온에 나타나서, 하나님의 계시의 빛이 만방에 비치고 온 세상에 하나님을 아는 지식이 충만하리라고 본 것이다. 그때 비로소 온 세상 사람들(열방)이 진정한 하나님을 알게 되어 자기들이 섬기던 우상을 버리고 시온에 와서 하나님을 예배하고 시온에 베풀어지는 거대한 메시아적 잔치, 곧 구원의 잔치에 참여하리라는 것이다.

유대인들은 이런 관점에서 예수의 표적을 해석했다. 첫 출애굽 때 시내 광야에서 하나님이 만나를 먹이셨듯이, 예수께서 첫 출애굽 구원을 기념하는 유월절에 광야에서 오천 명을 먹였다는 것이다. 따라서 유대인들은 당연히 자기들의 신학적 관점에서 예수가 바로 신명기에 약속된 모세와 같은 선지자인 제2의 모세라고 생각하고, 모세가 이루었던 첫 출애굽을 재현한다고 생각하였다. 더욱이 예수께서 갈릴리 호수 위를 걸어 건너감(6:16-21)은 유대인들에게 이러한 해석을 더욱 강화해 주는 것이었다. 신약성경 도처에서 예수 그리스도의 구원을 설명하는 한 방도로 출애굽 모형이 사용된다. 공관복음서, 바울 서신, 히브리서, 요한계시록 모두 그렇다. 요한복음 역시 그런 모습을 드러낸다. 출애굽 구원을 종말의 예수 그리스도의 구원에 대한 하나의 모형으로 본 것이다. 그래서 예수 그리스도를 모세에 견주어 그린다.

그러나 신약성경 전체가, 예수 그리스도가 종말의 구원의 완성을 가져오는 하나님의 아들로서 그의 모형인 모세의 역할을 완성하는 분이기에 모세보다 월등히 큰 이임을 강조한다.

그러기에 요한복음도 예수를 꼭 모세와 같은 선지자로 보고 예수께서 이룰 구원을 출애굽 구원의 문자적 재현으로 보는 것은 오해라고 지적한다. 이는 예수께서 자신을 모세와 같은 선지자로 보고 자신을 왕으로 추대하려는 무리를 피한 것(6:14-15)에서 잘 드러난다. 또한 무리가 예수를 찾은 것이 예수의 이적이 '표적' 하는 바를 제대로 깨달은 까닭이 아니라, 떡을 먹고 배부른 까닭이었다(6:26)고 지적하는 곳에서도 잘 드러난다. 유대인들은 예수의 '표적' 을 또다시 이 아래의 세상적, 물질적 관점에서 해석한 것이다. 이렇게 요한은 유대교의 정치적 메시아 사상과 물질주의적 구원관을 은밀히 배격하고 있다. 구원은 단순히 출애굽 구원의 문자적 재현이 아니다. 정치적 자유와 경제적 풍요와 사회 정의의 실현이 아니다. 왜냐하면 이는 영생을 주지 못하기 때문이다.

예수의 강해

예수께서는 오천 명을 먹인 이적이 진실로 '표적' 하는 바를 강해한다. 예수께서는 유대인들의 해석을 오해라고 하며 긴 강론으로 표적을 해설해 준다. 유대인들은 예수께서 모세와 같은 선지자로서 출애굽의 구원을 문자적으로 재현하여, 정치적으로 로마로부터 독립시켜 자유를 가져다 주고, 만나와 물과 같은 경제적 풍요를 주고, 시내 율법에 의한 사회 정의를 재현하는 메시아로 생각해서 예수를 붙잡고 모세와 같은 지도자요, 자기들의 왕으로 삼으려고 했다. 즉 자신들의 정치적 자유, 경제적 풍요, 사회적 자유를 얻으려고 예수에게 몰려들었다.

그러나 예수께서는 그것은 자신의 이적이 표적하는 바를 제대로 이해하지 못한 오해라고 설명한다. 예수께서는 사람들이 자신을 따라다니는 것은 그 표적을 보아서가 아니라 떡을 얻어먹었기 때문이라고 지적한다. 즉 떡을 먹게 한 사건이 표적하는 바인 진리를 터득해서가 아니라는 것이다. 단지 예수를 떡을 얻어먹는 정도의 구원을 가져다 주는 분이라고 생각했기 때문이라는 것이다. 예수께서는 이런 식으로 자신을 해석하는 것이 옳지 않다고 한다. 왜냐하면 이것은 아래 세상의 물질적 구원으로서 다시 배고프게 하고 목마르게 하며 진정한 본질적 생명을 가져다 주지 못하기 때문이다. 이것은 위 세상의 진정한 영생, 즉 하나님적 생명을 가져다 주지 못한다. 만나를 먹은 출애굽 세대의 사람들이 지금은 모두 죽고 없지 아니한가?(요 6:49) 결국 사람들이 추구하는 그런 구원은 신적 생명을 보장하지 못한다.

떡 또는 빵은 생명을 주는 것이다. 그러므로 예수께서 광야에서 굶주린 오천 명을 먹인 것은 자신이 인간에게 생명을 줌을 표적한 것이다. 신(神)적 생명인 영생을 가져다 준다는 것을 표적한다. 이 사건은 광야에서 만나를 먹음으로 상징되는 출애굽 때의 구원이 모형론적으로 가리키는 것이지만, 그것의 문자적 되풀이가 아니고, 도리어 그 모형이 가리키는 것을 종말론적으로 완성시킨 것이다. 다시 말해 모형의 종말론적 완성이다. 모세가 가져다 준 출애굽 구원은 이 아래 세상의 물리적 구원이었고 물리적 생명이었다. 그러나 예수가 가져오는 구원은 위 '하늘의' 영생(神적 생명)이다. 그러기에 그 생명을 가능케 하는 떡은 세상적, 물리적인 것일 수 없고, '하늘'로부터 오는 떡이어야 한다(요 6:27, 32-33절).

예수께서는 자신이 그런 생명을 가져다 주는 자라는 뜻으로 하늘에서 온 생명의 떡이라고 한다(35, 41, 48, 51, 58절). 예수 자신이 "하늘에서 온 진짜 실체의 생명의 떡"이라고 말씀하시며, 더 구체적으로 "그 '사람의 아들(인자)'"인 자신의 살과 피가 영생을 주는 양식이라고 한다(53-58절). 예수 자신의 살과 피가 영생을 주는 하늘에서 온 떡이다. 이것은 이스라엘 역사의 출애굽 구원이 모형하는 바를 종말론적으로 성취한 사실이다. 그런데도 유대인들처럼 출애굽 구원의 사회, 정치, 경제적 측면의 문자적 재현만으로 생각해서는 안된다. 이 사건이 표적하는 비는 그것보다 본질적으로 신적 생명을 가져오는 그런 구원이다. 이것은 "그 '사람의 아들'"의 살과 피를 먹음으로 이루어진다.

"그 '사람의 아들'"의 살과 피-최후의 만찬의 말씀

이 말씀은 사실 요한복음판 최후의 만찬에서 나눈 떡과 잔의 말씀이다. 마가복음 14:21에서 보는 바와 같이 예수는 유월절에 그의 제자들과 만찬을 나누면서 자신의 임박한 죽음을 "그 '사람의 아들(인자)'"로서의 죽음으로 말하고("'그 사람의 아들'은 그에 대해서 기록된 대로 간

2. 완성의 새 시대를 가져온 참 메시아 예수

다…"), 그 죽음의 의미를 떡을 부수어 나누어 줌으로, 그리고 빨간 포도주를 부어 마시게 함으로 극화(劇化)하여 설명해 주었다. 예수의 "그 '사람의 아들(인자)'"로서의 죽음은 출애굽 구원이 모형한 바를 종말론적으로 완성하는 것인데, 예수는 그것을 잔의 말씀(막 14:24)으로 해설하였다. "이것은 많은 사람들을 위해서 흘리는 바 나의 피 곧 언약의 피니라."

유대인들은 레위기 법에 따라 절대 피를 먹으면 안된다. 따라서 예수의 살과 피를 먹어야 한다는 소리에 모두 놀란다. 유대인들은 모두 이해하지 못하고 떠나갔지만 이것이 바로 최후의 만찬에 대한 말씀 해석이다. 떡과 잔에 대한 요한복음적 해설이다. 요한복음에는 최후의 만찬 장면이 13장에 나온다. 그러나 이 만찬의 말씀들, 즉 떡의 말씀(예수의 몸)과 잔의 말씀(예수의 피)은 그곳에 없다. 그리고 이 떡을 떼고 포도주를 마시는 최후의 만찬 의식을 되풀이하라는 성만찬 제정의 말씀도 없다. 그러나 요한은 떡과 잔의 말씀에 대한 신학적 해설을 몇 군데에 담고 있고(13장, 15장 참조), 요한복음 6:51-59에서 가장 현저하게 설명한다.

"그 '사람의 아들'"의 살과 피를 먹음으로써 영생을 얻는다. "그 '사람의 아들'"의 살과 피가 하늘에서 온 양식, 곧 하늘의 신적 생명을 가능하게 하는 수단이라는 것이다. 이 그림 언어를 이해하려면 최후의 만찬 말씀을 이해할 수 있어야 한다. 최후의 만찬에 대한 말씀은 네 가지로 전승되는데, 크게 두 갈래로 나뉜다. 마태 판과 마가 판은 거의 같고, 누가 판과 바울 판이 유사하다. 이 전승들을 비교하여 역사적 사건을 재구성하고 예수의 말씀 원판을 확보하려고 노력하지만 신학적 내용은 모두 똑같다.

최후의 만찬은 예수께서 자신의 죽음의 의미를 하나의 극(劇)으로 미리 해석해 준 것이다. 따라서 최후의 만찬에 나오는 모든 것은 상징성을 띤다. 우선, 그것이 열린 시점이 유월절인데, 유월절은 첫 유월절인 출애굽 구원을 기념하고 종말에 그 유월절 구원의 재현을 기대하는 절기였다. 그러므로 다가오는 자신의 죽음이 **새 유월절 구원**, 즉 출애굽 구원의 종말론적 **성취**라는 설명이다. 다음으로, 예수께서 그 극(劇)에 쓴 재료들이 상징성을 띤다. 예수께서는 떡과 포도주, 즉 음식을 사용하였다. 음식은 생명을 주는 것이다. 예수께서는 자기의 죽음이 생명을 주는 사건임을 나타내고 있다. 떡을 부수고 빨간 포도주를 붓는 행위를 통해, 예수께서는 자신의 잔인한 죽음을 통해 우리에게 구원과 생명을 가져다 주리라고 말한다. 예수께서는 자신의 추종자들에게 구원과 생명을 준다. 이는 구원이 예수께서 우리에게 거저 주는 하나의 은혜 사건임을 나타낸다. 다시 말해 최후의 만찬은 이렇게 모든 점에서 상징성을 지닌다. 유월절 최후의 만찬의 상징성만으로도 예수께서 자신에게 다가올 죽음의 의미를 충분히 설명했다고 할 수 있다. 그의 죽음은 우리를 위한 죽음이고 유월절 구원인 출애굽 구원을 종말론적으로 성취하는 것으로서, 우리에게 생명을 주는 사건이다. 이것만으로도 충분한 설명이 되었는데 예수께서는 떡의 말씀과 잔의 말씀으로 해설을 덧붙여 그 뜻을 더 분명히 했다.

그러면 어떻게 해서 자신의 잔인한 죽음이 유월절 구원의 종말론적 재현인가? 잔의 말씀은 이것을 가장 잘 설명하고 있다. 예수께서는 자신의 임박한 죽음을 두고 "이것(잔)은 많은 사람을 위하여 흘리는 바 나의 피 곧 언약의 피니라(막 14:24)"고 하였다. 여기서 '많은 사람을 위하여 흘리는'이란 표현은 이사야 53:10을 인용한 것이다. 이사야 53장에는 '주의 종이 하나님의 백성의 죄를 씻어 버리기 위해서 자신을 대속 제사로 바치리라' 고 되어 있다. 그렇게 해서 하나님의 백성의 죄가 용서 되고 그들이 의인이 되게 한다는 것이다. 예수는 잔의 말씀에서 이 예언 을 인용함으로써 다가오는 자신의 죽음을, 이사야에 예언된 주의 종의 역할을 감당하는 일로 해석하고 있다. 다시 말하면 자신의 죽음이 패역 한 하나님의 백성의 죄를 씻어 버리고 덮어 버려서 하나님과 올바른 관 계가 되도록 그들을 회복하여 하나님의 하나님 노릇 해 주심에 의존해 서 살도록 하는 그런 대속의 제사라는 뜻이다.

여기 '언약의 피' 란 말은 출애굽기 24:8, 이사야 42:6,; 9:8, 예레미 야 31:31-34 등 좀 더 복잡한 구약적 배경을 지닌다. 첫째 출애굽기 24:8을 배경으로 한다. 출애굽 한 이스라엘 백성을 시내 광야에 모아 놓 고 모세가 언약의 제사를 드리고 그 제물의 피를 모인 회중에 뿌리면서 "언약의 피라, 언약의 피라"고 선언한다. 그 '언약의 피' 에 힘입어 이스 라엘이 하나님의 백성이 된 것이다. 언약을 세운다는 말은 하나님께서 일단의 사람들을 선택해서 자기 백성을 삼으시고 그들에게 하나님 노 릇 해 주시겠다고 약속함이다. 이것이 바로 언약이다. 하나님 백성을 창 조해서 그들에게 하나님 노릇 하겠다는 것이 바로 언약이다. 그들을 보 호하시고 인도하시고 복 주시고 구원하시는 하나님 노릇 해 주시겠다 는 것이다. 그러나 아담은 하나님의 하나님 노릇 해 주심을 거부하고 죄 와 죽음에 빠졌다. 창조주 하나님이 인간들에게 하나님 노릇 해 주시는 것이 바로 구원이다. 언약 관계를 구약에서는 여러 가지 그림들로 표현 한다. 예를 들어, 하나님을 아비로, 언약 받은 이스라엘을 그의 아들 (들)로 표현한다. '왕-백성' 이나 '목자-양 떼', '남편-신부', 또는 '농 부-포도원' 의 그림으로 표현한다. 이런 것들은 모두 하나님과 이스라엘의 언약 관계를 나타내는 그림이고, 이 언약 관계는 시내 언약에 의해 이루어졌다. 다시 말해 '언약의 피'에 의해서 이루어졌다. 유대 신학에 의하면 시내산에서 세운 언약을 따라 이스라엘을 하나님의 백성으로 만든 그 '언약의 피'가, 사내아이가 출생 8일 만에 받는 할례 때 흘리는 피로 개별화되어 나타난다고 보았다. 할례란 언약 백성의 표징이다. 그래서 할례의 피를 시내산의 '언약의 피'의 연속으로 보았다. 할례를 받음으로 이스라엘 백성은 대대로 시내 언약에 참여하여 하나님의 백성이 된다고 보았다.

그런데 예수께서는 내일 다가오는 자신의 죽음을 출애굽 때의 언약 제사에 상응하는 언약 제사로 보았다. 곧 종말의 새 언약을 세우는 제사로 보았다는 뜻이다(누가 판과 바울 판은 잔의 말씀에 '새'라는 형용사를 넣어 이 점을 더 분명히 한다). 옛 출애굽 때 이스라엘을 하나님의 백성으로 만든 그 언약 제사에 상응하는 새 언약 제사이다. 예수께서는 또 예레미야 31:31-34에 있는 '새 언약'에 대한 예언을 염두에 두고, 자신의 죽음이 그 예언을 성취하는 새 언약을 세우는 제사라고 해석하였다.

이사야 42:6; 49:8은 이사야 42-53장에 나오는 이른바 '주의 종의 노래'들 가운데 속하는 구절들인데, 주께서 자기 종을 백성을 위한 언약으로 바치신다는 내용을 담고 있다. 예수의 잔의 말씀 가운데 '언약의 피'라는 말은 예수께서 다가오는 자신의 죽음을 바로 이사야서에 나오는 주의 종의 노래에 의거해서 해석했음을 나타낸다. 이렇듯 예수는 자신의 죽음을 시내 언약에 상응하는, 예레미야의 새 언약의 예언을 성취하는, '새' 언약을 세우는 제사로서, 이사야 42:5; 49:8에 예언된 주의 종의 역할을 감당하여 하나님의 백성을 위해 바쳐지는 언약의 제사로 해석한 것이다.

잔에 대한 말씀을 분석하여 정리하면, 예수는 자신의 임박한 죽음의 뜻을 두 개의 범주로 해석했다. 하나는 이사야 53:10-12에 의거한 '대속의 제사'이고, 다른 하나는 출애굽기 24:8; 이사야 42:6; 49:8; 예레미야 31:31-34 등에 의거한 새 '언약의 제사'이다. 다시 말해, '대속의 제사'를 통해 백성의 죄를 씻고 덮어 그들을 다시 의롭게 해서 하나님과 올바른 관계로 회복한다. 새 '언약의 제사'를 통해서는 하나님의 새 백성을 창조한다. 시내 언약이 아브라함과 이삭과 야곱의 자녀들을 하나님의 백성으로 삼았다면, 예수 그리스도가 이룬 십자가의 새 언약의 제사를 통해서는 새로운 언약 백성이 창조된다. 그리하여 그들이 다시 한 번 하나님의 하나님 노릇 해 주심에 의존해서 살아가게 한다. 이 두 범주를 종합하여 말하자면, 예수께서는 자신의 죽음을 **하나님의 의로운 새 (종말의) 백성 창조**라는 사건으로 해석한 것이다. 이것이 예수의 죽음의 의미이다. 이런 죽음의 의미를 최후의 만찬이라는 상징적 극을 통해 표현하고 있다. 이것은 자신의 죽음으로 새롭고 의로운 하나님의 백성을 창조하여, 그들이 창조주의 하나님 노릇 해 주심에 의존하여 살게 하는 사건이다. 또한 하나님의 하나님 되심을 거부하고 자신이 하나님 되겠다고 주장한 아담의 숙명(창 3:5)을 극복하는 사건이다.

아담은 자기 스스로 하나님같이 되고자 한 죄를 범했다. 그래서 자신의 내재 자원으로 자기가 자기에게 하나님 노릇 하면서 자신의 존재 의미와 자신의 안녕과 행복을 도모하려는 인간의 전형적인 모습을 드러내게 되었다. 이는 하나님의 하나님 노릇을 거부하고 스스로 하나님이 되겠다는 휴머니즘의 전형이다. 인간 위 또는 인간 밖에서 인간이 의존하고 도움 청할 존재를 거부한 것이다. 인간이 가장 위대한 존재라고 생각하고 스스로 내재된 힘으로 자신의 운명을 개척하고 살아가려는 것이 아담적 실존이다. 그런데 이런 아담적 실존은 피조물의 한계성, 곧 결핍성에 빠지게 된다. 지혜와 능력, 사랑이 부족하고 유한한 시간과 공간에 갇히게 된다. 여기서부터 모든 고난이 유래된다. 이 고난들은 죽음의 증상이다.

　예수께서는 인간의 이런 상태를 누구나 직관적으로 알아들을 수 있는 탕자 비유로 설명한다(눅 15:11-32). 탕자는 아담이다. 인간이고 곧 우리 모두이다. 예수는 아담 이야기를 다시 한 것이다. 아담이 무한한 창조주 하나님의 하나님 노릇 해 주심을 거부하고, 자신의 내재적 자원으로 자기 안녕과 행복을 스스로 확보하려 한 행위는, 아들이 아버지에게서 받은 조그만 분깃을 가지고 부요한 아버지에게 등을 돌리고 멀리 떠남과 같은 것이다. 탕자는 곧 자원을 탕진하고 궁핍에 처한다. 굶어죽을 위기에 처한다. 이것은 창조주에게 등을 돌리고 자신을 자신 안에 닫아 버린 인간이 창조주로부터 자원을 계속 공급받지 못함으로써 자신의 유한한 내재적 자원의 궁핍에 처함을 나타낸 것이다. 그러므로 인간은 지혜가 부족해서 내일 무슨 일이 일어날지 몰라 불안해하고, 능력이 부족하여 문제 속에서 고난받으며, 사랑이 부족하여 갈등 속에 사는 것이다. 시간 속에 존재하므로 변화의 노예기 되어 늙고 병들고 죽어 가며, 장소적 속박 속에서 고난받고 있다. 이 모든 고난은 죽음의 증상이다. 성경은 이것을 두고 죄가 우리를 창조주와 분리시켜 죽음에 이르게 하였다고 말한다. 죄의 본질은 인간의 **자기 주장**이다. 즉 자신이 자신에게 하나님 노릇 하겠다고 하며, 자신의 뜻대로 살며, 자신의 내재 자원으로 자신의 안녕과 행복을 확보하려 한다. 그러나 인간의 이러한 자기 주장은 인간을 창조주와 단절시키고 자신의 자원에 갇히게 만든다. 그리하여 앞에서 언급한 모든 고난이 발생하는 것이다. 예수께서는 이 진리를 탕자의 비유로 설명하였고, 바울은 이것을 신학적으로 표현하여 로마서 6:23에서 '죄의 삯은 사망'이라고 말한다. 여기서 삯은 용병이 받는 월급을 말한다. 사탄이 우리를 그의 용병으로 써 죄를 짓게 하고 죄를 지으면 죽음이란 품삯을 준다.

창조주와 분리된 아담적 인간은 생명의 근원인 대지에서 뿌리뽑힌 한 그루 나무와 같다. 그 나무 속에 수분과 양분이 있는 한, 그 나무는 푸른 잎사귀와 싱싱한 가지로 생명을 나타낸다. 그래서 우리는 그 나무를 보고 살았다고 한다. 그러나 사실 그 나무는 대지에서 뿌리뽑혀 수분과 양분을 공급받지 못하는 순간부터 죽음의 권세 아래 놓인 것이다. 그리하여 그 나무는 잎이 시들고 가지가 말라 가는 등 죽음의 증상을 나타낸다. 아담적 인간도 이 나무같이 그 안의 자원이 있는 한 생명의 빛을 띤다. 그러나 동시에 이 나무같이 자원의 고갈 또는 결핍성 때문에 죽음의 빛을 띤다. 갖가지 고난이 그 죽음의 빛이다. 그러므로 성경은 인생을 두고 바라보는 관점에 따라 살았다고 말하기도 하고 죽었다고 말하기도 한다. 정확히 말하자면, 인생은 죽음의 권세 아래의 삶, 죽음 병 걸린 삶, 죽음의 증상들을 나타내는 삶을 살고 있는 것이다.

여기에 상응해서 성경은 구원을 이 세상의 '죽음 병' 걸린 삶과 질적으로 다른, 하나님의 무한에 참여하는 삶이라는 뜻으로 '영생'이라 하기도 하고, 인생이 죽음의 권세 아래 놓여 있음을 강조할 때는 '생명'이라 하기도 한다. 그래서 요한복음에서는 '영생'과 '생명'이 상호 교환적으로 쓰인다(예:요 3:16; 3:36; 4:14; 5:24,39; 6:35, 40, 47-48, 53-54 등).

성경 숙어인 영생은 문자적으로는 '오는 세상의 삶'이다. 이것은 원래 공간론적 이원론이 아닌 히브리적인 시간적 이원론을 전제하는 개넘이었다. 사탄이 우리에게 죄를 짓게 강요하고 죽음을 품삯으로 주는 '이 세대'(또는 '이 세상')의 삶이 아니라, 하나님이 의와 생명으로 통치하는 '오는 세대('오는 세상')의 삶이란 뜻이다. 그 삶은 하나님의 부요함에 참여하는 삶이므로, 내용적으로 말하자면 '神적 삶'이다. '오는 세상의 삶'이라는 히브리적 표현을 헬라적으로 번역한 것이 '영생'이다. 이렇게 번역되면서 '영생'이라는 표현은 공간론적 이원론의 함의를 얻어, 아래의 시간과 공간에 제약된 참 삶의 모조품이 아니라 위 하나님 나라의 참 생명이란 뜻을 강하게 나타내어 '영생'의 원래 뜻인 '하나님적 생명'을 잘 나타내 준다. 그러므로 영생은 지금의 삶이 단지 시간적으로만 영원히 이어지는 것도 아니고, 내세에 몸이 아닌 영혼만 영원히 사는 것도 아니다. '이 세상의 삶'은 아담적 삶, 즉 인간적 결핍의 삶인데, 이것은 늘 죽음의 증상인 고난들로 누더기 진 삶이다. '영생'은 신적 삶으로서 죽음의 그림자 또는 그 증상들이 없는 삶이다. 하나님의 전지하심, 전능하심, 무한한 사랑, 무소부재함의 자유, 그리고 영원에 힘입는 삶이므로 생로병사가 없다. 불안, 문제, 갈등 등이 없다. 충만한 삶, 즉 하나님적으로 충만한 삶이다.

유한한 피조물인 인간에게 구원이란 창조주와 나시 언결되어야만 얻을 수 있는 것이다. 무한하신 초월자 창조주와 연결되는 것, 그래서 창조주의 무한한 부요함에 참여하는 것, 그래서 신적 생명인 영생을 얻는 것, 바로 이것이 구원이다. 예수께서 들려준 탕자 비유에서는 구원을 부요한 아버지에게 돌아와서 아버지의 상속자로 회복되는 것으로 묘사하고, 또 아버지가 베푸는 풍요한 잔치로 그린다. 아들이라는 그림이 근본적으로 가리키는 것은 상속자란 뜻이다. 하나님의 무한한 부요함에 다시 참여한다는 뜻이다. 탕자 비유는 하나님으로부터 오는 회복을 우리가 하나님의 자녀로, 상속자로 회복되고 하나님의 잔치에 참여하는 그림으로 그린다.

예수께서 대속과 새 언약의 제사로서 행해지는 자신의 죽음을 통하여 우리에게 이러한 구원을 가져다 준다는 것이 요한복음 6장의 내용이다. 십자가에서 부스러진 몸('살')과 흘린 피가 우리 죄를 씻어 버려 우리를 하나님과 올바른 관계로 회복시켜 주고, 새 언약을 세워 우리를 하나님 백성(구약 숙어로 말하면, 하나님 자녀들)이 되게 하여 하나님의 상속자로서 하나님의 부요함에 참여하게 한다. 우리가 예수 그리스도를 믿으면 이렇게 하나님의 의로운 자녀가 되어 아담의 숙명을 극복하고 하나님적 생명, 곧 '영생'을 얻게 된다. 그러므로 예수는 우리에게 영생을 가져다 주는 하늘로부터 오신 떡(양식)이다. 더 정확히 말하면, 십자가에서 부스러진 그의 '살'과 흘려진 그의 '피'가 우리에게 하늘의 생명, 곧 영생을 주는 하늘의 '음식'인 것이다. 그 '살'을 먹고 '피'를 마심으로, 즉 그리스도를 믿음으로 우리는 그 영생을 얻는다.

"그 '사람의 아들'"

예수가 이 말씀을 "그 '사람의 아들(인자)'"로서 말하는 것을 생각해보자. 공관복음에서도 예수는 여러 차례 다가오는 자신의 죽음에 대해 말하는데 항상 "그 '사람의 아들'"로서 말한다. 예를 들어, 마가복음 8:31; 9:9, 12, 31; 10:33, 45, 그리고 최후의 만찬 말씀인 마가복음 14:21이 그렇다. 요한복음에서도 마찬가지이다. 예컨대, "그 '사람의 아들'"이 들려 올려져야 한다고 하는 요한복음 3:14(8:28), "그 '사람의 아들'"이 영광 받을 때가 임했다고 하는 요한복음 12:23, 예수가 "그 '사람의 아들'"로서 들려 올려질 때 많은 사람을 자기에게로 이끈다고 하는 요한복음 12:32-34 등을 보라. 예수가 자신의 죽음을 이렇게 "그 '사람의 아들'"로서 예고하는 이유는 자신의 죽음이 바로 다니엘 7장 예언의 성취라고 보았기 때문이다. 예수께서 자신을 "그 '사람의 아들'"이라 부른 것은, 자신이 다니엘 7장에 나오는 "그 사람의 아들" 같이 나타난 이로서 하나님으로부터 그의 나라와 권세를 위임 받아(단 7:13-14), 종말에 "지극히 높으신 이의 성도들"을 창조하고(단 7:18, 22, 27) 그들로 하여금 하나님 나라와 영광에 참여하게 하는 분으로 자신을 나타내고자 함이었다.

여기서 요한복음 1:51 말씀이 떠오른다. 이것은 "그 '사람의 아들'"이 새롭게 창조하는 하나님의 백성이 하나님의 어좌 위에 앉는다는 것을 말해 준다. 하나님의 옛 백성인 이스라엘의 조상 야곱이 하나님의 어좌에 앉아 있는 것이 아니고, 하나님의 새 백성의 창조자인 "그 '사람의 아들'"이 앉아 있다. 영생, 즉 위 하늘의 생명을 주는 하늘의 떡인 "그 '사람의 아들'"의 '살'을 먹고 '피'를 마시는 자들, "그 '사람의 아들'"을 믿음으로 그와 함께 연합하고 대속과 새 언약의 제사인 그의 죽음의 덕을 입은 자들, 바로 그들이 "그 '사람의 아들'" 안에 내포되어 새 하나님의 백성으로서 하나님의 어좌에 앉게 된다. 그를 믿음으로 죄가 용서되고 새 언약의 백성 된 자들이 하나님 나라와 영광에 참여하게 된다는 말이다. 바로 이것을 요한복음 1:51에서 약속하고 있다.

요한복음 6장은 예수께서 이 약속을 대속과 새 언약의 제사인 자신의 죽음을 통하여 이루리라는 것을 말한다. 동시에 이것이 바로 출애굽 구원이 모형적으로 보이는 종말의 참 구원이라는 것을 예수께서 유월절에 광야에서 오천 명을 먹인 사건을 표적으로 보여 주고 있다.

예수가 유월절에 광야에서 오천 명을 먹인 사건은, 예수의 죽음을 통해서 우리 죄 문제를 해결하고, 우리를 하나님과 올바른 관계로 회복하고, 하나님의 자녀 곧 상속자가 되게 한다는 것을 표적한다. 그리하여 우리가 창조주 하나님의 무한한 부요함을 상속받고 인간의 한계성을 극복하고 신의 초월에 참여하도록 하겠다는 것이다. 하나님의 신성에 참여해서 하나님같이 되게 하겠다는 것이다. 바로 이것이 구원이다. 이 구원을 바울은 '하나님의 영광에 참여함', 또는 '하나님의 형상을 회복함(하나님같이 됨)' 이라고 표현한다. '죄 용서' 라는 말은 구원을 부정적으로 표현한 말이다. 바울은 구원을 긍정적으로 표현하여, '의인으로 인정됨' 이라고도 하고 '하나님과 화해함' 이라고 도하고, 또는 요한(1:12)과 마찬가지로 '하나님의 자녀로 입양된다' 고도 표현한다. 구원을 칭의론, 화해론, 입양론 등 여러 가지 그림들로 표현한다. 이런 구원론적인 표현들은 모두, 피조물이 창조주의 무한함을 덕 입어 피조물의 한계성을 극복하고 하나님의 초월에 참여함을 말하고자 하는 그림들이다. 우리가 하나님과 올바른 관계로 회복되어('칭의'), 그와 화해되어, 또는 그의 자녀로 입양되어, 신적 생명을 얻는 것, 하나님의 영광에 이르는 것, 하나님같이 되는 것, 이런 것이 구원이다.

그러므로 진정한 의미의 구원은 피조물이 하나님과 연합되는 것이다. 예수가 가져오는 구원이란 바로 그런 구원이다. 옛 출애굽 구원은 진정한 구원의 그림자에 불과했다. 그런데 유대인들은 이 구원의 그림자를 절대적인 구원으로 보고, 예수에게(또는 메시아에게) 그것을 문자적으로 재현해 달라고 요구하는 오류를 범하고 있다.

구원의 의미

우리는 구원을 지나치게 이원론적으로 추상화하고 관념화시켜 생각하기에 익숙해 있다. 우리는 이 세상과 하늘을 구분하는 공간론적 이원론에 의거하여, 구원을 하늘에만 있는 것으로 생각한다. 이 세대와 오는 세대를 구분하는 시간적 이원론에 의거하여서는, 구원을 오는 세상 즉 내세에만 있을 것으로 생각한다. 영혼과 육신을 가르는 존재론적 이원론에 의거하여서는, 구원이란 단지 영혼이 안녕을 얻는 것으로 생각하기 일쑤다. 그래서 구원을 단지 육신이 죽은 후 하늘에 가서 또는 오는 세상인 내세에서, 영혼이 안녕을 얻는 것이라고 생각한다. 이렇게 되니 구원은 과격하게 추상화되어 오로지 관념적으로 있는 것이지 경험의 대상이 되지 못한다.

그러나 예수가 가져온 구원은 그렇지 않다. 영생이란 신적 생명을 얻는 것이다. 그런데 이 신적 생명은 영혼에만 나타나는 것이 아니고 인간 실존의 모든 영역에서 나타난다. 또 미래에만 나타나는 것이 아니고 이미 이루어지기 시작하여 지금 여기서 체험할 수 있는 것이다. 미래에 완성될 구원이 예수를 통해 벌써 시작되었다. 요한복음은 이를 특히 강조한다(실현된 종말론, 특히 5:24; 6:35-51 참조). 우리는 인간 실존의 모든 영역에서 예수 그리스도가 십자가 죽음과 부활로 실현한 구원을 지금 누릴 수 있다. 그 구원의 완성은 그리스도의 재림 때 있을 것이다. 그러므로 우리는 지금 여기서 그 구원을 완전히 누릴 수 없다. 그러나 그 구원이 이미 시작된 만큼, 지금 여기서 우리는 그 구원을 첫 열매 형식으로 누릴 수 있다.

그 구원은 육신의 건강, 원만한 인간 관계, 사회 정의와 평화, 정치적 자유, 경제적 풍요 등으로도 나타나고, 내면의 평화로도 나타나는 등, 우리 실존의 모든 영역에서 나타난다. 그리스도로 말미암아 하나님과 올바른 관계를 회복한 사람들은 하나님의 영의 도움으로 하나님 나라의 백성, 즉 하나님 자녀의 삶을 산다. 그것은 예수께서 가르쳐 주신 하나님 나라의 법, 즉 사랑의 이중 계명(하나님에 대한 혼신을 다한 사랑과 이웃에 대한 내 몸 같이의 사랑-막 12:28-34)을 지키며 산다는 뜻이다. 하나님의 영의 도움(갈 5:16-26)으로 하나님의 백성이 사랑의 이중 계명의 요구로 다가오는 하나님의 통치를 실제로 받으며 살면, 인간 관계의 갈등이 해소되고 화평이 증진될 뿐 아니라, 부가 비교적 공정히 재분배되어 사회 정의가 일어나고, 사회 정의가 일어나면 사회 평화와 정치적 자유도 확대되고, 심지어 환경의 건강도 확보된다. 그러면 누구는 너무 많이 먹어서 비만이 되는 일도 없고 누구는 너무 못 먹어서 죽어 가는 일도 없으려니와, 스트레스도 감소되어 개인의 건강까지 증진된다. 이와 같이 구원은 내세의 영혼의 안녕과 같은 추상적이고 관념적인 개념으로만 이해될 것이 아니다. 신약성경은 그리스도를 통하여 이미 구원이 실현되었다고 강조한다. 구원은 우리 실존의 모든 영역에서 하나님과 올바르게 연결됨으로써 이루어진다. 다만 이곳에서 누리는 구원은 종말에 완성될 구원의 첫 열매여서 그 경험이 완전하지 못할 뿐이다.

예수가 말하고자 하는 것은 출애굽의 문자적 재현만을 절대적 구원 개념으로 간주하지 말라는 뜻이다. 신약 시대 열혈당은 구원을 출애굽 해방의 문자적 재현으로 생각했다. 오늘날 해방 신학자들이 바로 그들의 후예라고 할 수 있다. 야곱의 우물, 광야의 만나가 구원이 될 수 없다. 예수는 단지 다윗 왕조의 재건을 위해서 온 것이 아니다. 출애굽식 혁명과 다윗 왕조 같은 정치 체제의 건설로는 구원을 가져올 수 없다. 그런 것들은 자유와 정의와 평화를 상대적으로 좀 더 많이 가져다 줄 수 있을지 몰라도 우리의 모든 문제를 해결하는 절대적 구원은 가져다 줄 수 없다. 혁명은 단지 치자(治者)와 피치자(被治者) 간에 자리바꿈만 가져오는 경우가 많다. 1789년 프랑스 혁명이 일어나 시민군들이 행진하면서 혁명을 외칠 때, 루이 16세의 왕후가 시녀에게 혁명이 무엇이냐고 묻자 그 시녀는 "혁명이란 제가 왕후가 되고, 왕후께서 시녀가 되는 것입니다"라고 답했다는 얘기가 있다. 이런 자리바꿈은 억압과 착취의 근본 구조를 바꾸지 못한다. 20세기 들어서 내내 기승을 부렸던 레닌의 공산 혁명이 우리에게 이런 사실을 아주 잘 실증하였다. 인간의 투쟁만으로는 진정한 자유와 정의 실현을 얻을 수 없다.

진정한 구원은 창조주인 초월자 하나님과 올바로 연결되어 그의 부요함을 힘입어/ 그의 온전한 생명에 참여하는 것이다. '신적 생명(영생)'에 참여함으로써, 하나님같이 되는 것이다. 즉 하나님의 형상을 얻는 것이다. 우리가 그리스도를 통하여 이처럼 하나님과 올바른 관계 속에 살면, 지금 이 아래 세상에서도(비록 종말의 구원이 완성되기 전이라도), 해방 신학이 추구하는 것들인 자유, 정의, 평화를 구원의 **현재화**로 나타낼 수 있다. 구원이 진정한 구원이기 위해서는 그것이 초월자 하나님에게서 와야 한다. 오로지 신적인 것이어야지 인간적인 것이어서는 안된다. 하나님의 이름을 빙자하지만 실제로는 인간 스스로 자신의 자원을 동원하여 벌이는 투쟁으로 얻는 것도 결국 인간적인 것이다. 따라서 피조물적 제한성을 띠므로 온전할 수 없고, 그기에 이는 진정한 구원일 수 없다. 참 구원은 위에서 오는 하나님의 힘을 입을 때만 가능하다. 요한은 본 장에서 예수의 이런 메시지를 헬라적 사람들에게 그들의 이원론적 사고 구조를 활용해서 선포하고 있다. 요한복음 이런 예수의 메시지를 헬라인들을 위해서 잘 번역해 주고 있다.

바울도 똑같은 가르침을 준다. 갈라디아 3:28의 위대한 선언을 보라.

"너희는 유대인이나 헬라인이나 종이나 자주자나 남자나 여자 없이 다 그리스도 예수 안에서 하나이니라." 그리스도 안에 있는 새 창조의 영역에는 옛 창조의 갈등, 불의, 불평등, 억압과 착취를 조장하는 대표적인 구분들이 완전히 해소된다. 성적, 인종적, 사회 신분적 구분이 해소된다. 이렇게 예수 그리스도의 구원이 화해와 자유와 정의 실현으로 나타난다. 이와 같이 예수가 인류의 위대한 구원자이다. 구원이란 단지 구령 사업만도 아니고 사회 해방만도 아니다. 인권은 하나님 나라의 구원의 현실화이다. 종교의 이름으로 인권을 무시하고, 여성을 억압하고, 하층 계급을 착취하는 일이 세계 도처에 지금도 횡행하고 있다. 힌두 문명권과 모슬렘 문명권을 보라. 참된 인권 의식은 기독교 복음에서 유래하였다. 그러기에 기독교 역사에서 보듯이 복음이 올바로 선포된 곳마다 노예가 해방되고 여성들이 해방되며 약자들이 인권을 보호받는 일이 발생하였다.

그러나 교회가 구원을 내세의 영혼의 안녕만으로 생각하고 복음을 올바로 선포하지 못할 때는 타락한 세상의 불의와 억압과 착취 구조의 가장 강력한 옹호자가 되기도 하였다. 미국 남북 전쟁 때 노예제를 신학적으로 옹호하려한 남부의 몇몇 교회들을 생각해 보라. 최근까지 남아프리카에서 불의한 인종 차별 제도를 신학적으로 옹호한 화란 개혁 교회를 생각해 보라. 한국에서도 그리스도의 복음은 여성을 해방하고 반상의 차별을 타파하여 억압받고 착취당한 사람들을 해방하였으며, 인권 의식을 보편화하였다. 그러나 어느새 많은 한국 교회가 복음을 왜곡하여 유교의 가부장적 권위주의와 여성 차별을 신학적으로 정당화하려하고 있다. 기독교 신학을 빙자해서 실제로는 다시 유교적 윤리를 가르치고 있다. 그리하여 때때로 교회가 유교 윤리의 최후 보루 노릇을 하고 있는 것이다. 이렇게 교회사는, 한편으로 교회의 성공적인 복음 선포와 제자도의 실현으로 말미암은 그리스도의 구원의 현실화와, 다른 한편으로 복음의 왜곡과 제자도의 실패로 인한 죄악과 고난의 확대라는 양면을 가진 변증법적인 것이어서, 우리 그리스도인들은 교회사를 일방적으로 자랑할 수 없다. 그러나 신약성경과 교회사에서 우리가 분명히 배울 수 있는 사실이 있다. 복음을 올바로 선포하고 하나님의 백성이 사랑의 이중 계명으로 오는 하나님의 통치를 제대로 받으면, 종말에 완성될 구원이 지금 여기서 벌써 인권, 자유, 정의, 평화, 건강 등의 확대로 **구체화**되어 나타난다는 것이다. 인권 의식은 그리스도의 복음의 선물로서, 기독교 문명이 가장 고귀하게 공헌한 분야이다. 우리는 **신학적**으로 사고하고 **문명사적**으로 비판할 수 있는 안목을 가져야 한다. 그것은 복음, 즉 그리스도의 구원에 대한 올바른 이해에서 출발한다. 그렇지 않으면 우리는 구원을 단지 미래적이고 관념적인 개념으로만 생각하게 되고, 실제로는 유교적 사고에 빠지거나 샤머니즘적 영성을 추구하며 살아가게 될 수도 있다. 물질적 부와 정치적 자유 등 현실적 구원만 추구하는 유대인들을 비판했다는 이유로 예수 그리스도가 영혼의 구원만 가르쳤다고 보는 성경 해석이나 실교는 잘못된 것이다. 또한 하나님의 힘을 빌어 사용할 수 있는 자녀(즉 상속자)가 되어 하나님의 힘(성령)을 덧입는 것을 무시하고 인간의 힘을 동원하여 인간 스스로 해방을 이룰 수 있다고 하는 민중 신학적 해방 신학도 비성경적인 것이다. 교회는 그리스도의 구원을 옳게 그리고 포괄적으로 선포하여 하나님의 백성에게 그 구원이 포괄적으로 실현되는 것을 체험하도록 해야 하고, 온 세상이 그 구원의 덕을 입도록 해야 한다.

3) 메시아 논쟁(7장)

7-10장은 유대인들의 불신앙에 대항하여 예수가 어떤 메시아인지 말해 준다. 이 메시아 논쟁은 초막절을 배경으로 한다. 7, 8장은 9장의 표적 앞에 나오는 사건들로, 초막절에 일어난 사건들이다. 이것은 유대인들의 민속 메시아 사상에 대항하여 예수께서 초막절이 상징하는 구원을 가져오는 참 메시아임을 보여 준다. 그리고, 그것을 9장의 표적이 증명하고, 10장에서는 유대인들의 그릇된 메시아 사상에 대항하여 예수가 어떤 참 메시아인지 보여 준다.

예수께서 초막절에 예루살렘에 올라간다(요 7:1-10). 유대교에서 초막절은 유월절과 더불어 큰 순례 명절이다. 그래서 유대인들은 모두 예루살렘 성전에 가서 제사와 잔치에 참여하는데, 거기 운집한 군중이 과연 예수가 어디 있으며 누구인지 웅성거린다(요 7:11-13). 그리고 유대인들은 자신들의 메시아 사상에 따라 예수가 참 메시아가 아니라고 결론 내린다.

예수의 가르침의 신적 기원(7:14-24)

예수께서는 자신의 가르침은 인간에게 전승받은 것이 아니고 하나님에게서 온 것이라고 말한다. 하나님의 사자로서 자신을 보내신 하나님의 영광을 추구하고 그의 안식일에 병자를 치유할 표적은 모세 율법을 어긴 것이 아니라고 말하며, 안식일을 범했다 하여 그를 적대하는 유대인들의 현상적 판단을 비판한다(요 7:24).

유대인들의 메시아 부인(7:25-44)

유대인들은 예수가 메시아가 될 수 없는 이유들을 하나 하나 말한다. 메시아는 기원을 모르는 데서 와야 하는데, 자신들은 예수가 어디서 왔는지 안다는 것이다(요 7:27-31). 유대 사상에 메시아는 기원을 모르는 곳에서 온다고 되어 있는데, 예수는 나사렛 출신이 분명했다. 유대인들은 그의 부모도 알고 형제들도 알았다. 따라서 그는 단지 유대인 가운데 한 명에 불과해서 메시아가 될 수 없다(요 7:27). 메시아는 다윗의 아들로서 베들레헴에서 태어난다. 그런데 예수는 갈릴리 나사렛 출신이다(요 7:41-42). 또 메시아는 종말 구원을 출애굽적으로 재현해야 하므로 모세와 같이 많은 이적들을 행할 것으로 기대하였다. 어떤 사람들은 그들이 기대하는 메시아보다 예수가 더 많은 이적을 행한다고 보고 그를 믿기도 했으나, 바리새인들과 제사장들은 그를 체포하려 한다(요 7:30-32, 45-52).

메시아가 기원을 모르는 데서 온다는 것은 메시아가 초월해서 온다는 의미이다. 하나님 편에서 온다는 말이다. 그런데 예수께서 위에서 초월해서 오신 분이 아닌가? 예수께서는 태초에 하나님과 함께 계신 분으로 하나님세로부터 즉 초월해서 오신 분이다(요 1:1). 그렇다면 유대교 메시아 사상이 진정으로 의미하는 바를 충족하는 분이다. 예수께서는 나사렛 출신이라고 하지만 실제로 베들레헴 출신이요, 다윗의 사손이다. 이 아래 세상의 암흑에 속한 유대인들이 아래 세상의 관점에서 바라보기 때문에 예수님에 대해 오해를 갖게 되었다. 유대인들은 현상적으로만 보고 판단하기에 이 사실을 깨닫지 못하고 예수에 대해 부정적으로 판단한 것이다(요 7:24). 요한복음이 즐겨 보여 주는 역설들(ironies) 중 하나이다.

2. 완성의 새 시대를 가져온 참 메시아 예수

예수는 성령을 주시는 메시아(7:37-39)

"명절 끝 날 곧 큰날에 예수께서 서서 외쳐 가라사대 누구든지 목마르거든 내게로 와서 마시라 나를 믿는 자는 성경에 이름과 같이 그 배에서 생수의 강이 흘러나리라 하시니 이는 그를 믿는 자의 받을 성령을 가리켜 말씀하신 것이라"(요 7:37-39). 이 말씀은 다음과 같은 의미에서 중요하다.

초막절은 출애굽 과정에서 이스라엘 사람들이 초막을 짓고 살면서 하나님을 예배하고 구원을 체험한 것을 기념하는 절기이다. 초막절 끝 날 전야에 실로암에서 물을 길어다가 성전 제단에 물을 퍼붓는 의식이 있었다. 이것은 출애굽 당시 므리바에서 하나님이 물을 공급해 주신 것을 기념하며, 오는 한 해도 하나님께서 물을 넉넉히 공급해 주셔서 목축과 농업을 풍성케 해 달라고 하는 일종의 기우제이다. 모든 유대 축제는 출애굽 때의 구원을 기념하면서 동시에 종말에 출애굽 구원의 재현을 바라는 것이다. 초막절도 마찬가지다. 종말에 퍼부어질 물에 대한 기대이다. 그래서 선지서들(이사야, 에스겔, 요엘)을 보면 종말에 하나님께서 물을 퍼부어 주심(성령에 대한 상징)을 여러 번 말한다. 그러므로 실로암에서 물을 길어다가 성전 제단에 뿌리는 의식은 종말에 하나님께서 성령 부어 주심을 고대하는 의미도 있었다.

이런 초막절 의식이 행해지는 순간에, 예수께서는 자신이 바로 그 물을 공급하는 분이라고 선언한다(요 7:37-39). "누구든지 목마르거든 내게로 와서 마시라"고 한다. "내가 바로 그 물을 공급하는 자라. 나를 믿는 자는 성경(겔 47:1; 사 12:3; 욜 2장 등)이 예언한 대로 종말에 하나님이 물을 퍼부어 주신다"고 하며, 예수 자신이 바로 그 물을 공급해 주는 분이라고 한다. 그래서 예수를 믿는 자는 그 배에서 생수(생명을 주는 물)의 강이 흐르게 된다고 한다. 요한은 이것을 가리켜 예수께서 그가 영광 받으신 후 우리에게 주실 성령을 가리켜서 하는 말이라고 해설한다. 다시 말하면, 예수께서는 초막절에 물긷는 행사가 고대하는 것인, 종말에 성령이 퍼부어져 이 아래 죽음의 세상에 있는 자들이 생명을 얻게 되는 바로 그 일을 자신이 한다는 것이다. 자신이 바로 그런 메시아라는 뜻이다. 예수께서는 하나님을 계시하고 하나님의 성령의 물을 퍼부어 주는 메시아다. 초막절은 종말론적 실체를 가져오는 메시아를 모형론적으로 그려낼 뿐이다. 이런 주장에 대해서 무리의 의견은 찬반 양론으로 갈린다.

4) 세상의 빛 예수(8장)

한글 개역성경을 보면 요한복음 7:53-8:11까지는 괄호로 되어 있다. 이 부분은 원래 요한복음에 속하지 않는 부분이다. 요한복음의 오래된 사본들에는 없고 후기 사본에 이 부분이 끼어들어가 있다. 그리고 요한복음의 구도나 문체에도 전혀 맞지 않는다. 그래서 학자들은 이 부분을 가리켜 떠돌이 전승이라고 한다. 예수의 행적에 대한 떠돌이 독립적 전승이 요한복음의 어떤 사본들의 이 대목에 끼어든 것이다. 원래 요한복음에 속한 것은 아니지만, 이것이 예수의 진짜 사건일 가능성은 많다.

세상의 빛
초막절은 또 출애굽 당시 하나님께서 불기둥과 구름기둥으로 이스라엘을 인도하시고, 시내산에서 그의 영광의 광채 가운데 율법을 계시하셨음을 기념한 것이다. 유대인들에게는 이것을 기념하여 초막절 마지막날 밤에 여인들이 뜰에서 횃불 밝히는 행사가 있었다. 이것은 시내산에서 주신 하나님의 율법 계시(시내 계시)를 기념한다. 그러면서 종말에 하나님의 계시가 시온에 이루어지고 그 계시가 온 세상을 비추어 암흑과 혼돈의 세계에 하나님을 아는 지식이 가득 차도록 기원하는 행사이다.

이것을 배경으로 하여 예수께서는 "내가 세상의 빛이다"라고 주장한다(요 8:12). 또 하나의 '나는 이다(ἐγω ειμι/I am)' 형식의 말씀이다. 7장에서 자신을 생수, 즉 성령을 공급하는 분이라고 선언한 것같이, 예수께서는 지금 자신을 세상의 빛이라고 선언한다. 자신이 하나님을 온전히 계시하여 온 세상으로 하여금 하나님을 알게 하는 분임을 주장한다.

빛이란 계시의 수단이다. 빛은 지식을 가능하게 한다. 우리는 빛 때문에 사물을 보고 지식을 얻는다. 헬라적 사고 구조에서는 눈으로 보는 것에서 지식을 얻는다. 눈으로 현상을 관찰함으로써 그 현상 뒤에 있는 이치를 터득한 것이 지식이다. 빛이 이것을 가능하게 한다. 그래서 빛은 계시의 수단이다. 따라서 예수께서 빛이 된다는 것은 하나님의 계시자가 된다는 뜻이다. 하나님의 계시자로서 우리로 하여금 하나님을 보고 하나님을 알게 한다는 뜻이다. 초막절에 '불 밝힘 행사'가 곧 하나님의 계시에 대한 그림자이다. 그것의 완성으로 예수께서 온 것이다. 이렇듯 예수께서는 온 세상에 빛을 비추는 하나님의 빛이다.

이 세상은 암흑의 세상인데, 암흑은 무지를 낳고 무지는 불안(Angst)을 가져온다. 이런 것들 역시 죽음의 증상이다. 예수께서는 빛으로 오셔서 암흑을 몰아내고 하나님의 계시를 가져와서 우리가 하나님을 보고 알게 한다. 이것은 헬라적 지식의 이해 체계에 정확하게 맞아든다. 그런데 이 지식이 어떻게 생명을 주는가? 플라톤 철학에 따르면 인간은 위 세상의 영혼이 아래 세상의 몸에 박혀 있는 것이다. 영혼의 불이 완전히 꺼진 사람들은 구원의 가능성이 전혀 없지만, 영혼의 불이 미약하나마 조금이라도 남아 있는 이들은 구원을 얻을 수 있다. 영혼의 불길이 조금이라도 남아 있는 이들에게는 이 세상이 가짜이고 위 세상이 본향이라는 의식이 남아 있다. 이들은 지식을 얻어 구원을 얻을 수 있다. 육체적이고 물리적인 세상의 것들은 모두 환상(illusion)에 불과하다는 것을 터득해서 육체적 가치에 연연하지 않고 그것들을 떨쳐 버리면, 영혼이 몸에서 해방되어 구원받는다는 것이다. 앎으로 구원 얻는다는 것은 바로 이런 헬라적 이해이다. 이런 사고방식으로 생각하는 헬라인들에게, 요한은 그리스도가 참 빛으로서 우리에게 참 지식을 가져와 우리의 영혼(곧 진정한 자아)을 이 아래 세상의 환상들에서 해방시켜 위 세상의 구원에 이르게 한다고 설명한다.

그러나 요한은 지식을 헬라적인 뜻으로만 쓰지 않고, 히브리적 뜻과 융합하여 쓰고 있다. 구약에서는 앎을 눈으로 얻지 않고 관계를 통해서 얻는다. 같이 살고 연합함으로 얻는다. 그래서 부부가 서로를 알았다는 것은 성적 결합으로 한 몸이 되었다는 뜻이다. 연합을 통해서 실제로 앎이 일어난다. 하나님을 안다는 것은 그분의 존재하심이나 속성, 역사하는 방법 등에 대한 객관적 지식을 얻는다는 뜻이 아니고, 하나님과 관계를 맺음으로 **연합**한다는 뜻이다. 하나님을 안다는 것은 상호 내주를 통해서 나타난다. 요한복음 14:20은 이렇게 말한다. "그날에는 내가 아버지 안에, 너희가 내 안에, 내가 너희 안에 있는 것을 너희가 알리라." 예수께서 부활 승천한 뒤 성령을 통하여 다시 올 텐데, 그때 바로 말씀의 내용이 다 이루어진다는 것이다. 아들이신 예수 그리스도가 아버지 안에 있고 제자들이 예수 안에 있게 된다. 그리고 예수 그리스도가 제자들 안에 있다. 예수 그리스도가 중보자가 되어 하나님과 제자들을 연합한다. 이것이 하나님을 아는 궁극적인 상태이다. 이것은 예수께서 하나님을 계시함으로 가능하게 된다. 이것을 통해 인간들이 하나님과 연합하게 되고, 그리하여 인간들이 하나님의 신적 생명에 참여하게 된다. 이렇게 하여 인간들이 영생(신적 생명)을 얻는 것이다.

이와 같이 지식이 헬라적 언어로 표현되기도 했지만 그 바탕에는 히브리적 지식에 대한 이해가 깔려 있다. 따라서 하나님을 안다는 것은 헬라적, 플라톤적 지식만 뜻하는 것이 아니다. 지식이란 사물을 관찰하고 터득해서 얻어지는 것이 아니라, 예수 그리스도가 가져오는 계시를 통해 하나님과 연합함으로 이루어진다. 이것을 통해 아래에서 위의 생명을 얻게 되는 것이다. 이 생명이 신적 생명이고 이것을 예수께서 가능하게 하였다.

세상의 빛에 대한 유대인들의 거부

유대인들이 기다리던 메시아란, 어디서 왔는지 알 수 없고, 이적들을 행하며, 다윗의 아들로 율법을 성취한 자라야 한다. 그래야 유대인들의 메시아 사상을 충족시킬 수 있다. 예수께서는 이런 조건을 다 갖추고 있지만 유대인들은 눈이 멀어 그를 알아 보지 못한다. 그들은 율법에 근거하여 메시아인 예수를 적대하지만, 이것은 오히려 율법을 순종하려는 마음이 그들에게 없었기 때문이라고 요한은 말한다.

예수께서는 하나님을 계시하고 하나님을 알게 해서 영생을 얻게 하는 메시아다. 다른 말로 하면, 종말에 하나님의 영인 성령을 주어서 우리에게 영생을 얻게 하는 분이다. 이렇듯 예수께서는 유대교의 메시아 사상을 충족하고도 남는다.

십자가에 달려 들려 올려짐 - 예수의 메시아적 영광

예수께서 유대인이 기다리던 메시아인 참 하나님의 계시자임을 어떻게 알 수 있는가? 유대인들의 거부에 예수는 어떻게 설명하는가? 예수께서는 유대인들이 "그 '사람의 아들'"을 '들어 올릴' 때 알게 된다고 한다(요 8:28). '들어 올림'이란, 이 아래 세상의 관점에서 보면 예수를 십자가에 못 박아 땅바닥에서 위로 들어 올림을 의미한다. 그러나 위의 진리의 관점에서 보면 예수를 높이고 그의 영광을 드러내는 것이다. 따라서 들려 올림에는 예수의 **죽음**과 **영광 받음**을 동시에 가리키는 이중 의미가 있다. 즉 예수의 십자가에 달려 죽음이 그의 영광 받음이라는 역설을 나타내고 있다.

"예수께서 가라사대 너희는 인자(그 사람의 아들)를 든 후에 내가 〔그〕인 줄을 알고(ϵγω ϵιμι의 절대 용법) 또 내가 스스로 아무것도 하지 아니하고 오직 아버지께서 가르치신 대로 이런 것을 말하는 줄도 알리라 나를 보내신 이가 나와 함께하시도다. 내가 항상 그의 기뻐하시는 일을 행하므로 나를 혼자 두지 아니하셨느니라"(요 8:28-29). 왜 예수가 "그 '사람의 아들'"로서 십자가에 못 박혀 땅 위에서 들려 올려지면 사람들은 그가 곧 하나님의 이름인 "자존하시는 이(ϵγω ϵιμι)"라는 하나님의 이름을 가진 분임을 알게 되는가? 이 논리를 터득하는 것은 요한복음 이해에 중요한 핵심이 된다. 이름은 본질의 표현이다. 그러므로 예수는 자신이 십자가에 못 박혀 들려 올려질 때 자신이 하나님의 이름을 가진 존재임을 사람들이 알게 되리라는 것이다. 예수의 십자가에 달려 죽음은 인류를 위한 대속의 죽음으로서, 하나님이 세상을 구원하시기 위해서 그를 십자가 죽음에 내어 주심이다. 그러므로 그것은 하나님의 **사랑**을 나타내는 사건이다(요 3:16). 이리하여 십자가에 달린 예수께서는 하나님의 사랑을 계시한다. 하나님의 본질이 사랑임을 계시하는 것이다. "하나님은 사랑이라"(요일 4:8, 16). 그러므로 십자가에 달린 예수는 하나님의 (이름/본질) '사랑'을 지니고 그것을 계시하고 있음이 드러난다. 하나님의 이름을 가지고 그것을 **계시**하는 분은 하나님과 같은 분일 수밖에 없다. 계시의 원칙은 계시자(the revealer)는 계시되는 자(the revealed)와 같음이다. 그래야만 계시자를 보고 계시되는 자를 알 수 있기 때문이다. 예수께서 십자가에서 하나님의 이름이자 본질인 사랑을 계시한다는 것은 그가 곧 하나님의 이름을 가지고 하나님의 본질에 참여하며 하나님과 같은 분이라는 뜻이다. 이렇게 예수께서 십자가에 못 박혀 들려 올려질 때, 그 순간 예수는 단순히 수난받는 것이 아니라, 그가 하나님과 같은 분으로 드러난다. 하나님과 같은 분이며 하나님의 계시자로서 높임받는, 영광 받는 것이다. 그러므로 요한복음에서 예수의 죽음은 단순히 수난받음이 아니라 영광 받음이다.

보냄받은 하나님의 아들

예수께서는 하나님의 이름을 가진 존재이기에 하나님의 본질을 표현할 수 있다. 즉 하나님을 계시할 수 있다. 하나님과 그의 계시자인 예수 그리스도의 관계를 성경 숙어로 말하자면, 아버지와 아들이라는 그림 언어로 표현할 수밖에 없다. 하나님께서는 예수를 보내신 이("나를 보내신 아버지", 요 8:16, 18, 29)이고, 예수께서는 하나님 아버지로부터 보냄받은 아들(요 3:17)이다. 셈족 문화에서 보냄을 받은 이(the sent one/the agent)는 보낸 이(the sender/the commissioner)와 같다. 유대 미쉬나 법에도 그렇게 규정되어 있다. 보냄을 받은 자는 보낸 이를 대표하고 그의 권한을 대행한다. 그러므로 그의 전권 대사(the pleni-potentiary)이다. 가령 아브라함이 이삭의 아내를 구하기 위해 종을 고향으로 보내는데(창 24), 그 종이 아브라함의 전권 대사로서 아브라함과 같은 자가 되는 것이다. 예수께서는 바로 이런 관계를 비유로 들어 하나님 아버지와 자신의 관계를 말하고 있다. 자신이 하나님의 아들로서 하나님 아버지의 보냄을 받은 이이기 때문에 하나님 아버지를 온전히 나타내는 분이요, 하나님 아버지의 전권 대사가 된다. 그렇기 때문에 자기를 보내신 하나님 아버지의 뜻을 고스란히 수행한다. 자기의 독자적인 뜻을 가지고 있지 않다. 자기 뜻을 가르치거나 행하는 것이 아니고 자기를 보내신 하나님 아버지의 뜻을 행하고 그의 가르침을 가르친다. 그래서 예수가 하나님의 아들로서 행하는 일을 보고 사람들은 하나님의 뜻을 헤아릴 수 있다. 이렇게 예수가 하나님을 완전히 계시한다. 이 계시가 그의 십자가 죽음에서 온전히 이루어진다.

진리가 너희를 자유케 하리라

요한복음 8:31에 "그러므로 예수께서 자기를 믿은 유대인들에게 이르시되 너희가 내 말에 거하면 참 내 제자가 되고"라는 말씀이 있다. 이렇게 될 때 비로소, 위에서 온 예수의 계시를 받아서 아래 가짜 세상에서도 위 세상의 진리(reality)를 알게 된다. 이 진리가 아래 세상의 가짜의 얽맴에서 우리를 자유하게 한다. 사람들은 돈, 권력, 쾌락, 심지어 모세율법(종교)에도 얽매여 산다. 그러나 예수께서는 하나님을 계시하여 사람들로 하여금 진리를 알게 함으로써 그런 거짓된 것들로부터 그들을 자유케 한다. 무엇보다 하나님에 관한 계시를 받아 진리를 알게 되면,

우리는 죄와 죽음에서 자유케 된다. 그래서 유명한 요한복음 8장 32절의 "진리를 알지니 진리가 너희를 자유케 하리라"는 말씀이 이어진다.

여기서 다시 유대인들의 오해가 나타난다. 아브라함의 자손으로 종 노릇 한 적이 없는데, 종이라고 한 것에 대해 반박한다(요 8:33). 예수께서는 정치적 물리적 종 노릇 한 것이 아닌 죄에 종 노릇 한 것을 말씀한다고 논박한다. 사람들이 예수를 믿어 하나님의 백성(자녀)이 될 때 진리를 알게 되고 가짜 세상을 진짜 세상으로 속이는 사탄의 죄에서 완전히 해방되어 진정한 자유를 얻게 된다고 한다.

요한복음 8장 51절을 보면, 예수께서 다시 "내 말을 지키면 죽음을 영원히 보지 않는다"고 하자, 유대인들이 다시 이 말을 오해하고 "아브라함과 선지자도 죽었는데, 죽음을 맛보지 않는다는 게 무슨 말냐, 네가 조상 아브라함보다 더 큰 자냐"고 질문한다. 예수께서 이에 대해 54절 이후로 다시 논박한다. 요한복음 8장 58절을 보면, "예수께서 가라사대 진실로 진실로 너희에게 이르노니 아브라함이 나기 전부터 내가 있느니라(Before Abraham was, I am)"고 하신다. 여기 '내가 있다'는 표현도 'ἐγώ εἰμι (I am)'의 절대 용법이다. '내가 있다'는 것은 하나님의 이름을 뜻한다(출 3:14). 아브라함이 있기 전에 예수께서 영원히 현존하는 자로 있었다는 것이다. 예수께서는 하나님의 계시자로서 계시되는 그분과 같고, 그래야만 계시가 일어난다. 여기서 예수께서 하나님의 영원한 계시자로서 자존하시는 자라는 것을 말하고 있다.

5) 하나님의 계시자 예수(9장)

소경의 눈을 뜨게 함

소경 치유 사건은 요한복음 8:12에서 주장하고 해설하는 것처럼 예수가 하나님을 계시하는 "세상의 빛"이고 우리에게 하나님을 알려 주고 생명을 얻게 하는 분이라는 것을 시위한 사건이다.

눈을 뜬 소경을 둘러싸고 일어난 유대인들과 예수의 논쟁에서 소경은 예수를 알고 그에게 믿음을 고백하나, 유대인들은 모조품에 불과한 토라에 근거해서 예수를 정죄하고 소경에게 압력을 넣어 예수가 메시아인 것을 믿지 못하게 함으로써, 스스로 소경임을 드러낸다. 이것 역시 요한복음적 역설(irony)이다.

나면서부터 소경 된 자가 누구의 죄로 인한 것인지 질문하는 것(요 9:2)은 죄가 죽음 곧 고난을 일으킨다는 신학적 원칙에서 나온 것이다. 마가복음 2:1-12을 보면, 예수께서 중풍병자의 병을 고치시며 "네 죄가 사함을 받았다"고 선언한다. 이것은 "저가 네 모든 죄악을 사하시며 네 모든 병을 고치시며"라는 시편 103:3의 말씀을 배경으로 한다. 우리의 모든 고난은 우리가 생명의 근원인 하나님과 분리되어 우리의 제한적인 자원에 의존하기 때문에 발생한다. 질병을 포함한 모든 고난은 죄가 가져온 죽음의 증상들이다. 심지어 천재지변도 죄의 증상으로 볼 수 있다. 이렇게 죄가 죽음과 고난을 가져오는 것은 사실이다.

그러나 죄와 죽음이 항상 1대 1로 상응하지는 않는다. 물론 상응할 때도 있다. 가령 도적질하여 감옥에 간다든지, 과음하여 간암에 걸리는 등, 자신의 죄로 인해 고난받는 경우가 얼마든지 있다. 그러나 남의 죄로 인하여 무고한 사람들이 고난받는 경우 역시 허다하다. 인간은 연대성(solidarity) 속에서 살기 때문에 자신의 죄로 남이 고난받고 남의 죄로 자신이 고난받을 수도 있다. 고난은 항상 자기 죄 때문에만 받는 것은 아니다. 예를 들어 음주 운전자의 잘못과 죄로 멀쩡한 사람이 치어 죽기도 하고, 배금주의자가 철근을 부족하게 넣고 지은 백화점이 무너져 무고한 고객들이 몰살당하기도 하며, 잘못된 경제 제도나 정치에 의해 많은 사람들이 가난에 허덕이기도 하고, 독재자의 압제에 의해 수천만이 고난당하기도 한다. 환경 공해를 유발하는 공장 때문에 얼마나 많은 사람이 무고하게 질병을 앓게 되는가? 물론 이때는 고난당하는 사람이 잘못한 것이 아니라 환경을 해친 공장주가 잘못을 저지른 것이다. 따라서 우리는 고난받는 사람을 볼 때 무조건 그가 어떤 죄를 지어서 하나님의 벌을 받은 것이라고 단정하는 원시적 사고의 실수를 범하지 말아야 한다. 죄가 고난을 가져오는 것은 사실이나 항상 1대 1로 상응하지는 않는다. 그러므로 누가 어떤 죄를 지어서 그 결과로 고난받는 것이 명백하면, 그에게 회개를 권고할 것이나, 그렇지 않는 경우 우리는 고난받는 사람들을 위로하고 하나님의 사랑을 확신시켜야 한다.

소경과 관련해서, 예수는 그가 소경 된 것은 하나님의 하나님 되심, 즉 하나님의 영광을 드러내기 위해 소경 된 것이라고 말씀한다(요 9:3). 하나님의 치유의 힘, 하나님의 영광, 하나님의 사랑을 드러내기 위해서 그가 소경 된 것이라고 하면서 예수는 소경의 죄를 언급하는 것이 아니라 그를 치유하여 준다. 소경을 통해 하나님의 사랑과 능력을 나타내서 하나님의 영광을 드러내는 도구로 사용한다. 이렇게 해서 소경 된 자는 빛을 보게 되고 빛을 봄으로써 예수를 알아보고 예수를 그리스도라 고백한다.

이 사건을 지켜본 유대인들은 예수께서 안식일에 병을 고쳤으므로 안식일을 범한 죄인이라고 생각하는 자들과, 소경 치유는 하나님으로부터 온 자만이 할 수 있기에 예수께서 선지자라고 생각하는 자들로 나뉜다. 그리고 서로 논쟁을 벌인다. 요한복음 9:17에서 소경은 예수께서 선지자라고 고백한다. 이 말은 이사야 29:18-19; 35:5-6; 61:1-2의 예언들을 배경으로 하고 있다. 나사렛 회당에서 처음 설교할 때 예수께서는 이사야 61:1-2을 강해하며 자신이 그 예언을 성취하러 왔다고 하였다(눅 4:14-19). 또한 세례 요한이 예수께 그가 오시기로 한 메시아냐고 물었을 때도 이사야 29:18-19; 35:5-6에 나타난 비슷한 예언들을 성취하고 있음을 들어 예수 자신이 메시아임을 나타낸다(마 11:1-6; 눅 7:18-23). 이 예언 중 하나가 소경이 눈을 뜨도록 하는 일이다. 성령 받으신 예수께서 이 예언들을 성취하는 것이다.

세 가지 반응들

소경 치유 사건에 관해서 세 가지 부류의 반응이 나타난다. 유대인과 바리새인들은 예수에 대한 신앙을 거부한다. 소경의 부모는 예수가 그리스도임을 알면서도 유대 회당에서 출교 당할 것을 두려워하여 공개적으로 고백하지 못한다(22절). 소경은 출교를 무릅쓰고 예수를 그리스도로 고백한다. 부모들은 예수께서 자기 아들에게 빛을 준 그리스도라는 것을 알고 있는데도 예수를 적대하는 유대인들의 압박에 못 이겨 신앙 고백을 하지 못한다. 유대인들은 소경이 눈을 뜬 명백한 이적을 보고도 이것이 표적하는 바를 받아들이길 거부했다. 예수께서는 이사야 29:18-19; 35:5-6; 61:1-2 등 메시아가 소경의 눈을 뜨게 하리라는 예언을 성취하고 있는데, 그것을 보고도 유대인들은 그가 메시아임을 받아들이길 거부한다.

소경의 눈을 뜨게 한다는 것은 하나님의 계시를 가져오는 것을 말해준다. 소경의 눈을 뜨게 하는 것은 암흑 세상에서 해방되게 하는 것이다. 예수께서 하나님의 계시를 가져와서 하나님의 생명을 얻게 하는 분임을 표적하는 것이다. 그러나 유대인들은 이 표적은 물론이거니와 성경에서 언급하고 있는 메시아 예언의 성취까지도 거부한다. 그리고 유대인들은 소경과 그 부모를 몰아세워 예수께서 메시아라는 것을 고백하지 못하게 한다. 유대인들은 자기들의 성경인 모세 율법에 근거해서 안식일을 범했다는 이유로 예수가 메시아가 아니라고 말한다. 여기서 또 요한복음의 문체적 특징인 **역설**(irony)이 벌어진다.

소경인 자는 예수의 빛을 받아서 예수의 메시아 됨을 안다. 그러나 정작 자기들이 성경을 알아서 빛을 받고 있다는 유대인들은 소경이 되어서 세상의 빛이신 예수를 보지 못하고 메시아로 인정하지도 못한다. 결국 유대인들이 소경이 된다. 소경은 눈을 뜨고, 빛을 본다는 자들은 소경이 된다. 이것이 바로 요한복음적 역설이다. 유대인들은 자기들의 성경이 예수를 증언하고 있는 것을 모른다. 다시 말해 예수께서 자기들의 성경을 실제로 성취하고 있는 것을 알지 못한다. 구약성경은 본질적으로 하나님의 약속과 예언을 담고 있기 때문에, 그것의 성취인 그리스도와 연결되지만, 그리스도보다는 작은 것이다. 성취는 그 성격상 약속과 연결되지만 약속보다 클 수밖에 없기 때문이다. 그런데 유대인들은 예언은 알았지만 그것보다 크고 온전한 성취는 모르는 것이다. 출애굽 구원은 요한복음적 표현으로 말하면 아래 세상의 그림자 또는 모조품에 불과하다. 이런 모조품을 절대화하니까 결국 그 모조품이 그려내려 하였던 실체, 즉 그리스도를 통한 종말의 구원을 인식하지 못하는 것이다. 그래서 아래 세상의 제한된 세계 속에서는 참 지식을 얻을 수 없고 암흑에 있는 것이 된다. 스스로 암흑에 있음을 인정하고 예수께서 가져오는 하나님의 계시를 겸손히 받아들인 자는 예수께서 하나님의 계시자로서의 메시아이고, 하나님의 성령을 가져다 주시는 분으로서의 메시아라는 것을 안다. 그러나 이 세상에서 스스로 보고 안다고 생각하는 자들은, 즉 이 세상의 가짜에 대한 지식을 진짜(실체)에 대한 지식으로 생각하는 자들은 위 세상의 종말의 실체가 왔을 때 그것을 자신들의 세상적 지식으로 판단하여 오해하고 만다. 유대인이 바로 이런 경우이다.

　반면에 치유된 소경의 신앙은 발전한다. 처음에 그는 요한복음 9:17에서 예수를 선지자라고 고백하고, 33절에서 하나님으로부터 온 자라고 고백하며, 38절에서는 그리스도라고 고백한다. 소경의 신앙 단계가 발전하는 데 결정적 영향을 준 것은, 예수께서 스스로를 "그 '사람의 아들'"이라고 계시하였기(요 9:35-37) 때문이다. 그렇기 때문에 그가 예수를 올바로 이해하고 예배하게 되었다. 이것은 암시하는 바가 크다. 예수의 메시아 됨은 그의 대속 죽음에 있다. 세상 죄를 지고 가는 어린 양으로, 고난받는 주의 종(사 53장)으로 스스로를 인류의 구원을 위한 대속 제사로 내어 주는 것이 그의 메시아적 과업이다. 유대교의 모세나 다윗 정복자 또는 통치자 메시아 사상에 머물러서는 이것을 이해하지 못한다. 이것이 "그 '사람의 아들'"이라는 단어에 함축되어 있다. 예수는 많은 사람을 위하여 목숨을 내어 주는 분이다. 요한복음은 예수의 죽음을 "그 사람의 아들의 들림 받음"으로 누차 표현한다(3:14; 8:28; 12:32, 34). 그것은 공관복음들이 그것을 항상 "그 사람의 아들의 넘겨짐(버려짐)"으로 표현하는 것과 같다(막 8:31; 9:9, 12, 31; 10:33, 45; 14:21). 예수는 자신의 죽음을 예고할 때 항상 인자("그 '사람의 아들'")라는 주어를 쓴다. 대표적으로 마가복음 10:45을 보면, 예수는

2. 완성의 새 시대를 가져온 참 메시아 예수

"그 사람의 아들은 자기 목숨을 많은 사람들을 위한 대속물로 주기 위해서 왔다"고 한다. 치유된 소경은 예수가 "그 '사람의 아들'"로서 십자가에 죽임당하는 메시아임을 믿음으로 온전한 인식과 믿음에 이른 것이다. 그는 진리를 깨달은 자이며 빛을 받은 사람이다. 그의 육신의 눈이 뜨인다는 것은, 영적 눈 뜨임의 상징이며 표적이다.

소경의 부모처럼, 예수의 구원을 체험하고도 사회적, 정치적 불익을 두려워하여 예수에게 신앙 고백 하기를 꺼리는 사람들도 있다. 또한 자신들의 안식일 개념에 비추어 유대인들이 예수를 배격했듯이, 자신들의 제한된 이성이나 이 세상 상식에 비추어 예수에 대한 신앙을 거부하는 사람들도 있다. 본문은 우리로 하여금 치유된 소경처럼 십자가에 달린 메시아 예수를 인식하고 두려움이나 타협 없이 신앙 고백 할 것을 촉구하고 있다.

예수 믿는 자들의 축출

7장에서 10장까지, 특히 9장 이야기는 요한 당시 교회와 유대 회당에서 일어난 논쟁을 반영한다. 논쟁의 초점은 누가 참 메시아인가이다. 유대인들은 예수가 참 메시아가 아니라고 한다. 예수께서 성경 예언들을 다 성취했는데도 그가 참 메시아라는 사실을 유대인들이 거부하는 이유를, 요한은 그들이 율법(구약성경)이 진정으로 가리키는 바를 모르기 때문이라고 말한다.

AD 70년경까지, 유대 그리스도인들은 비그리스도인 유대인들과 함께 유대 회당과 유대 공동체 속에서 살아갔다. 그렇지만 이들 사이에는 갈등과 어려움이 내재하고 있었고 유대인들은 점점 예수 믿는 자들을 이단으로 간주해서 핍박하였다. 그러다가 AD 70년 유대인들의 대 로마

항전이 비참한 패배로 끝나면서 그리스도인 유대인들을 자신들의 회당과 공동체에서 완전히 몰아냈다.

9장은 바로 이런 갈등 상황을 반영하고 있다. 명백히 예수를 그리스도라고 신앙 고백 하는 자들을 축출하기 시작한다(요 9:22). 소경이 예수를 고백하자 공동체에서 축출당하게 된다(요 9:34). 당시 유대 회당에서 축출당한다는 것은 사회적으로 굉장히 손해 입는 것이었다. 이것이 두려워서 소경의 부모는 엉거주춤한다. 당시에는 소경의 부모 같은 사람들이 많았다. 요한복음은 이런 사람들에게 하나님이 가져오는 빛을 보았다면 소경처럼 당당하게 예수가 메시아임을 고백하라고 촉구한다. 비록 회당에서 축출당해도 예수에 대한 신앙 고백으로 만족하라는 것이다. 왜냐하면 그것이 바로 생명이 되기 때문이다. 사실 그렇게 축출당하는 자를 예수는 그냥 내버려두지 않는다. 예수께서는 그런 사람에게 돌아와서 그를 위로하고 보호하고 돕는다. 예수께서는 선한 목자이기 때문이다(10장).

6) 참 목자 예수(10장)

참 목자 예수

소경을 가운데 두고 문제가 또 하나 발생한다. 바로 메시아는 참 목자이어야 한다는 것이다. 9장에서 소경을 핍박하는 사람들은 삯군이요, 도둑이다. 그리스도인들을 핍박하고 출교시키는 유대 지도자들은 하나님의 백성(양 떼)을 잘 치는 선한 목자가 되지 못하고, 그들을 괴롭히는 도둑이다. 반면에 예수께서는 자신이 양들을 위해서 목숨까지 내어놓는 참 목자라고 말씀한다. 바로 10장에서 예수가 진정한 메시아라는 것은 선한 목자로서의 메시아를 말한다. 성경은 하나님과 이스라엘의 언약 관계를 왕과 백성, 아비와 자녀, 목자와 양 떼의 그림 등으로 표현한다. 그러므로 하나님께서는 목자이시다. 하나님께서는 자기를 대리해서 이스라엘 위에 목자 노릇 하도록 다윗 가문의 왕들을 세우셨다. 다윗 왕조를 성립한 나단의 신탁(삼하 7:12-14)을 메시아적으로 재해석하여, 유대인들은 종말에 하나님께서 다윗의 씨를 다시 일으키시리라고 기대하였다. 하나님께서 다윗의 자손, 메시아를 일으켜 이스라엘의 목자가 되게 하실 것이라는 기대였다. 그러나 왕만이 이스라엘의 목자인 것이 아니라 백성들을 계도하는 선지자나 제사장도 이스라엘의 목자였다. 이스라엘은 소경이 상징하는 바와 같이 암흑과 어려움에 처해 있다. 그럼에도 불구하고 이스라엘 지도자들은 이스라엘이 하나님께서 주신 계시를 보지 못하도록 억압하고, 더구나 그것을 보고 올바른 하나님의 지식에 이른 자들을 핍박하였다. 그들은 결국 도둑이 되거나, 기껏해야 삯꾼 목자에 불과했다. 소경과 그의 부모를 핍박하는 바리새인들이 이 사실을 잘 상징하고 있다. 이런 배경에서 예수께서 스스로 참 목자요 선한 목자라고 말씀한다.

선한 목자는 어떤 일을 하는가? 예수께서는 궁극적으로 양들을 위해 자기 목숨을 버림으로 양 떼인 이스라엘 백성의 목자 됨을 증거한다. 자기 목숨을 바치는 것은 선한 목자의 표징이다. 동시에 대속과 새 언약의 제사로서 의미를 지닌 십자가 위에서의 자기 죽음을 두고 한 말이다. 예수는 자기 양 떼의 죄를 덮어 버리고 씻어 버리기 위해 자신을 십자가 죽음에 내주었다. 그들을 다시 하나님께 올바로 연결시키고(속죄/의인 되게 함) 하나님의 참 양 떼, 하나님의 새 백성이 되게 하는 새 언약 제사로 자기 목숨을 내주었다. 따라서 그들로 하여금 하나님의 하나님 노릇 해 주심을 덕 입어 살게 했다. 이로써 양 떼는 영생(신적 생명)을 얻게 되었다. 이것이 바로 참 목자인 선한 목자가 하는 일이다. 예수께서는 바로 이 일을 하였고 그러므로 예수께서는 참 메시아다. 사람들에게 하나님을 계시하고 하나님의 영을 주셔서 그들로 하여금 생명을 얻게 하고, 십자가에서 대속과 새 언약의 제사로 그들의 죄를 씻어 버려서 그들을 의롭게 하고 하나님의 백성으로 만들어서 하나님과 연합하게 하는 분이다. 바로 참 목자요 참 메시아다. 다윗 왕조를 단지 문자적으로 재건하는 이가 참 메시아가 아니고, 놀랄 이적들을 드러내는 이가 참 메시아가 아니고, 모세의 출애굽 구원을 문자적으로 재현해서 로마의 가이사의 압제에서 이스라엘을 독립시키는 이가 참 메시아가 아니다. 오히려 하나님을 계시하고, 대속과 새 언약의 제사를 통해 하나님의 구원의 통치 아래 살게 하고 하나님의 성령을 가져다 주어 하나님의 생명을 얻게 하는 예수가 참 메시아다.

또한 예수께서는 자신을 "양의 문"(10:7)이라고 하셨다. '양의 문'은 선한 목자가 들어가는 문을 뜻한다. 이것은 하나님 나라에 들어가는 문을 연상케 하는 그림 언어이다. 예수께서는 이 땅에 하나님 나라를 가져오신 분으로, 우리로 하여금 하나님 나라에 들어가게 하는 분이다. 그러므로 그는 하나님 나라의 문 역할을 한다. 오로지 그의 계시를 받아야만 하나님을 알 수 있고, 그분의 통치를 받을 수 있으며, 그 통치로 인한 구원을 얻을 수 있다. 그러므로 예수께서는 양이 하나님 나라로 들어가는 '문'이며, '길'이다(14:6). 우리는 이 선한 목자 예수를 따라감으로 ('길'), 그의 계시를 받아 하나님을 알게 되고('진리'), 그 결과 하나님의 '생명'을 얻게 된다. 그러므로 예수께서는 "내가 길이요 진리요 생명이다"(요 14:6) 하고 선언하였다.

　예수께서 참 목자로서 하는 일은 예수 자신이 하나님 아들임을 증거하는 것이다. 이런 예수를 보고도 몰라 보는 이유는, 즉 깨닫지 못하는 이유는, 깨닫지 못하는 자들이 예수의 양 떼가 아니기 때문이다(요 10:26). 이렇게 요한복음은 궁극적으로 구원과 심판을 예정론으로 설명한다. 하나님께서는 하나님의 백성으로 예정된 사람들을 예수에게 맡기신다. 10장 28절에 "내가 저희에게 영생을 주노니 영원히 멸망치 아니할 터이요 또 저희를 내 손에서 빼앗을 자가 없느니라"고 되어 있는데, 여기서 강조하는 것은 예수 그리스도의 양 떼는 멸망하지 않고 아무도 빼앗을 수 없다는 것이다. 구원의 예정론적 설명이 궁극적으로 말하고자 하는 바는 예정된 자들을 하나님께서 **끝까지** 지키신다는 것이다. 예정론은 목자인 예수께서 양들인 우리에게 이러한 확신을 주려는 것이지, 우리로 하여금 우리의 이성으로는 다 헤아릴 수 없는 예정의 교리를 가지고 스스로 예정받았는지 안 받았는지 불안감을 조성하려는 것이 아니다. 누구나 현재 그리스도를 믿는 사람이라면 자기가 예정되었음을 믿을 수 있고 믿어야 한다. 우리의 믿음은 만세 전부터 하나님이 예정하신 것으로, 우리 스스로 깨닫기 전부터 우리에게 미리 오셔서 역사하신 성령에 힘입어 우리의 영적 눈이 떠 십자가에 달린 그리스도를 구주로 인식하게 된 결과이기 때문이다. 그러므로 지금 믿음을 천명하는 사람은 하나님의 예정을 확신하고, 종말의 구원의 완성 때까지 그리스도가 자신을 지킬 것을 확신하여 안도할 수 있는 것이다(요 10:28; 롬 8:28-39).

예수의 십자가 죽음: 메시아적 사역

대속과 새 언약의 제사인 십자가 죽음에서 예수의 하나님에 대한 계시가 절정에 이른다. 이것은 하나님의 본질이 사랑임을 계시하는 사건이다. 하나님의 계시가 예수의 죽음에서 극치를 이루고 **온전히** 드러난다. 따라서 예수는 십자가에서 하나님의 본질을 온전히 계시하는 메시아다. 이렇게 설명하는 것은 공관복음이나 바울 신학, 히브리서, 요한계시록 신학이나 모두 한결 같다.

예수의 메시아적 사건 또는 메시아적 행위(the Christ act/event)는 바로 십자가 죽음이다. 우리의 구원을 위한 예수의 대속적 죽음을 성경에서 설명할 때는 항상 '그리스도' 란 칭호를 사용한다. 그리스도가 우리를 위해서 죽고 부활했다(고전 15:3-5; 롬 3:23-26; 5:6; 고후 5:14-15; 갈 1:4; 3:1, 13; 살전 5:9-10 등). 그리스도의 죽음과 부활이 바로 예수께서 메시아로서 한 일이다. 예수께서 메시아로서 한 일은 다윗 왕조를 재건하거나 로마에서 유대인들을 독립시킨 것이 아니다. 십자가 대속과 새 언약의 제사로서 자신을 내어 줌이다. 이것은 곧 하나님의 사랑의 계시이다. 하나님의 사랑만이 치유의 힘이 있다. 초월자 하나님의 사랑만이 피조물의 모든 문제를 치유할 수 있다. 이것이 바로 예수의 메시아적 행위/사건이다.

요한은 7-10장에 이르는 동안 바로 이것을 말하고 있다. 참 메시아란, 십자가에서 대속과 새 언약의 제사로 자신을 내어 주신 분이다. 십자가에서 우리에게 하나님을 계시해서 우리로 하여금 하나님을 보게 하고 알게 한다는 것이다. 우리 자신이 소경 된 것을, 암흑에 살고 있는 것을 인정하면 예수의 계시를 보게 된다. 그러나 유대인들처럼 모세 율법에서 얻는 것만으로 만족하고 그 관점에서 보면 예수가 가져오는 진정한 빛과 계시를 보지 못한다. 또는 헬라인들처럼 플라톤 철학이나 스토아 철학의 지식을 통해서 무엇인가 깨닫는다고 생각하면 예수가 가져오는 빛을 못 보게 된다. 모세 율법과 헬라 철학은 작은 불빛에 불과하다. 이것으로는 안된다. 이것은 우리를 암흑에서 구원할 수 없다. 오직 하나님께서 위로부터 은혜와 사랑으로 주시는 예수의 계시, 예수의 십자가에서의 **대속**과 **새 언약**의 제사로 오는 구원을 받아들여야만, 우리의 영적 눈이 뜨이고 하나님을 알게 된다.

이것은 오늘날도 마찬가지다. 서양 과학 문명으로 인간의 문제를 해결할 수 있다고 생각하고 거기서 구원의 길을 찾는 인본주의나, 동양의 인본주의적 철학이나 종교 등은 모두 우리에게 구원을 가져다 주지 못하는 조그만 불빛에 불과하다. 유대교 최고봉인 니고데모가 모세의 빛을 최고로 활용해도 그는 암흑의 사람에 불과하다. 밤, 즉 암흑에서 나와 예수께 와야 빛을 터득하게 된다(요 3:2). 위에서 온 예수께서 가져오는 성령으로 예수의 계시를 볼 때 위로부터 오는 진정한 생명을 얻는다. 서양 사상은 한계에 부딪혔고 오로지 동양 사상에 구원의 길이 있다고 주장하는 것은, 한국이 세계에서 가장 가난한 나라 축에 꼈던 1960년대 시절부터 흔히 듣던 소리였다. 필자는 그것이 한국인이나 동양인들의 열등감과 흥선 대원군이 주장했던 쇄국주의의 발로임을 깨달은 지 오래다. 우리 한국 사람들은 지난 30~40년 동안 서양 문명을 배우려고 필사의 노력을 기울인 끝에, 이제 겨우 의식주 문제를 해결하고 인권 의식이 조금 생기게 되고 민주주의 정치에도 걸음마를 시작하였다. 그렇게 되자, 또다시 그런 주장을 드높이는 사춘기적 '지성인들'이 꽤 있는 모양이다. 서양 문물에 대한 무비판적 사대주의도 꼴불견이지만, 동양 사상 또는 이른바 '우리 것'에 대한 쇄국주의도 치졸한 발상이다. 동양

사상들은 본질적으로 다 인본주의여서 인간의 한계를 벗어나지 못한
다. 21세기 또는 새 천년에 인류는 동양 사상에서 구원의 길을 찾아야
한다고 주장하며, 유교, 도교, 불교 등으로 복고주의를 부르짖는 자들이
있다. 그러나 지난 2500년 간 인본주의적 유교, 도교, 불교 문화가 인권
의식을 보편화하지 못하고 자유와 정의를 확대하지 못하여, 오늘날 우
리 사회가 서양 '오랑캐' 들로부터 인권과 민주주의에 관해 설교와 꾸지
람을 듣고 있는 당혹스러운 현실을 그들은 알지 못하는가? 요한은 진정
한 구원이란 동양이나 서양 인본주의적 지혜에서 찾을 수 있는 것이 아
니라, 예수가 십자가에서 절정을 이룬, 위에서 온 계시로 말미암아 이루
어진다고 한다. 이것이 바로 우리를 구원하는 것이다. 바울은 고린도전
서 1-2장에서 "세상의 지혜와 하나님의 지혜인 십자가의 말씀"을 대조
하면서, 세상의 지혜로는 인간을 구원할 수 없고, 헬라 지성인의 관점에
서 보면 어리석고 무능함의 상징인 십자가의 복음이 우리를 구원하는
하나님의 지혜요 능력이라고 갈파한다. 여기서 요한도 같은 주장을 하
고 있다.

③

예수의 메시아적 사역:
대속과 새 언약의 제사로서의 죽음
(11-12장)

1) 나사로의 부활(11:1-44)

요한복음 11:1-44에 마지막 표적인 나사로를 부활시키는 내용이 나온다. 이것은 요한복음 5:21에 이미 선언한 말씀(아버지께서 죽은 자들을 일으켜 살리심같이 아들도 자기의 원하는 자들을 살리느니라)이 진리임을 보여 준다. 이는 앞의 모든 이적이 표적한 바, 즉 예수가 생명을 가져오는 분임을 결론적으로 보여 주는 표적의 절정으로서, 예수 자신이 죽음 후에 부활할 것을 가리킬 뿐 아니라, 종말에 그를 믿는 자들을 그가 죽음에서 생명으로 옮길 것을 가리키는 표적이다.

2) 유대 지도자들의 논의(11:45-57)

유대 지도자들은 예수를 죽이기로 논의한다. 이유는 예수가 표적을 행함으로써 백성들이 예수를 믿기 시작하자 유대 지도자들이 이를 두려워했기 때문이다. 이 부분은 요한복음적 역설이 가득 찬 본문이다. 예수께서는 마지막 표적인 나사로 부활을 자신의 죽음과 부활을 나타내는 표적의 절정으로 사용한다. 예수의 모든 표적을 저항했던 유대인들은 이제 마지막 표적이자 가장 큰 표적에 관해 가장 크게 저항한다. 예수의 메시아 운동이 많은 추종자들을 얻자, 제사장들과 바리새인들은 산헤드린을 소집하여 대책을 논의한다. 그들은 예수 운동도 유월절에 흔히 일어나는 거짓 메시아 사건의 하나로 보고 이를 치려 한다. 대제사장 가야바는 로마 군대가 예수의 메시아 운동을 진압할 것인데, 그렇게 되면 그 메시아 운동에 참여하는 많은 사람들이 다치고, 잘못하면 성전('이곳')과 땅을 잃게 될 가능성이 있다고 보았다. 그래서 산헤드린 공회를 모아서 의장인 대제사장이 예수의 메시아 운동을 방치해서는 안된다고 말한다. 다시 말해, 예수의 메시아 운동이 계속 번지면 당시 유대 땅을 점령한 로마군이 예수의 메시아 운동을 무력으로 친다는 것이다. 그러면 예수가 메시아인 줄 알고 따라다니는 많은 유대인들이 죽게 된다는 것이다. 뿐만 아니라 페르시아 시대부터 제국 총독의 총체적 감독 아래 유대 대제사장을 중심으로 상당한 자치권을 누리는 유대 정부의 이원체제가 폐지당하고 로마 총독에 의한 직접 통치가 이루어질지도 모른다. 그러면 대제사장들과 사두개파는 치명적인 타격을 입게 될 것이다. 그래서 대제사장 가야바는 산헤드린 공회원들에게 선언한다. "너희는 한 사람이 죽어서 온 민족이 망하지 않게 되는 것이 너희에게 유익한 줄을 생각지 아니하는도다"(50절). 유대 민족이 다치지 않도록 하기 위해서 예수 한 사람을 희생시켜야 한다고 주장한다. 이 한 사람을 죽여서 민족을 구해야 한다고 대제사장이 말하고 있다.

3) 예수의 죽음에 대한 요한의 해석

이런 대제사장의 의도에 요한은 역설적 주석을 달아 놓는다. "이 말은 스스로 함이 아니요 그 해에 대제사장이므로 예수께서 그 민족을 위하시고 또 그 민족만 위할 뿐 아니라 흩어진 하나님의 자녀를 모아 하나가 되게 하기 위하여 죽으실 것을 미리 말함이러라"(요 11:51-52). 유대교 성전 체제에서 속죄 제사는 제사장들이 드린다. 특히 일 년에 한번 있는 대 구속의 날에는 유대 민족 전체의 죄를 씻기 위해 대제사장이 속죄 제물의 피를 가지고 지성소에 들어가 제사 드린다. 그런데 대제사장 가야바가 바로 온 민족을 구출하기 위한 제물로 예수를 바치겠다고 선언한 셈이다. 가야바는 깊은 의미를 깨닫지 못하고 순전히 정치 논리로 생각한 것이다. 로마인들이 예수의 메시아 운동을 치면 유대 민족이 다침으로 그 운동의 주동자인 예수를 없애고 민족을 살려야 한다는 정치적 논리다. 그러나 신학적 관점에서 보면 이것은 그 해 대제사장 가야바가 민족을 살리기 위한 구원의 제사로 예수를 바치는 행위이다. 가야바는 예수를 적대해서 죽음에 몰아 넣는다. 하지만 하나님께서는 가야바의 반역을 이용해서 온 인류의 구원을 이루신다. 즉 시내산 법에 맞게 대제사장이 하나님의 아들 예수를 십자가에 **제물**로 바치게 하신다. 이런 점에서 요한은 여기에 깊은 역설을 기록하고 있다.

바울도 고린도전서 2:8에서 비슷한 생각을 편다. 하나님의 지혜는 인간의 최고 지혜를 역이용하시기도 한다. 가야바나 빌라도 등 세상의 통치자들은 그들의 지혜를 발휘하여 예수가 표방한 하나님의 뜻에 대항하였다. 그래서 그들은 하나님의 아들 예수를 십자가에 못 박았다. 그러나 하나님은 그들의 반역을 이용해서 예수의 십자가 죽음을 만인을 위한 속죄 제사로 삼음으로써 만인을 구하고자 하는 구원 계획을 달성하신 것이다. 가야바나 빌라도 등 세상의 통치자들은 그리스도의 십자가를 통해 세상을 구원하시고자 하는 하나님의 오묘한 지혜를 모르는 가운데 하나님의 뜻에 저항하였으나, 하나님은 그들의 저항을 **역이용**하셨다. 그래서 바울은 "하나님의 미련한 것이 인간의 지혜보다 낫다"고 한다. 세상의 왕인 가이사를 대표하는 빌라도와 예수의 대화에서도 그것을 알 수 있다(요 18:28-40). 진리를 모르는 거짓의 대표가 진리의 화신인 예수를 재판하는 것도 큰 역설이다. 빌라도는 예수에게 유죄 판결을 내리고 사형을 언도함으로써 스스로 거짓됨과 불의함을 드러낸다. 이것은 우리에게 큰 위로가 된다. 즉 이 세상이 인간들에게 달린 것처럼 보이나 실은 하나님의 지혜 안에 있음을 말해 주기 때문이다. 이 세상이 유한한 지혜를 가지고 죄악에 가득 찬 인간들의 손에 달려 있다면 우리는 불안할 수밖에 없다. 그러나 창조주 하나님이 이 세상을 지탱하시되, 때로는 인간의 불의와 거짓을 이용하셔서 자신의 진리와 의를 세우시고 계신다. 거짓에 짓눌린 사람들에게 십자가의 도는 새로운 소망을 준다. 이렇게 하나님은 악한 자들의 악을 이용해서라도 자신의 구원을 이루는 분이시다. 이것도 복음이 주는 위로이다.

4) 향유로 예수의 발을 씻어 줌(12:1-11)

다음으로 베다니에서 마리아가 값비싼 향유로 예수님의 발을 씻어 주는 내용이 이어진다. 이것도 일종의 표적적 행위, 상징적 행위이다. 항상 표적은 믿지 않는 자들의 오해를 일으킨다. 여기서는 유다가 믿지 않는 자로서 이를 비판한다. 이로서 이것 역시 전형적인 표적 형식을 보인다.

이 사건에 관한 마가복음의 기록과 비교해 보면, 본문의 뜻을 더욱 잘 이해할 수 있다. 마가복음(14:3-9)에서는 예수의 기름 부음 받음이 예루살렘 입성 후에 일어나며, 머리에 부어지는 것으로 기록된다. 요한은 예수의 예루살렘 입성 전에 발에 받는 것으로 기록하고 있다. 마가와 요한은 둘 다 예수가 왕으로 기름 부음 받았음을 공통적으로 보여 준다. 마가는 예수께서 예루살렘에 입성하여 그곳에서 메시아적 왕으로 등극하였음을 나타내는 반면, 요한은 예수가 예루살렘 입성 전에 이미 기름 부음 받았음을 기록함으로써 예수가 이미 왕으로 등극하여 예루살렘에 입성하였음을 강조하고 있다. 요한이 예수의 왕 되심을 더욱 강조한다. 이어서 이루어지는 예수의 재판 때 빌라도가 첫 심문으로 "네가 유대인의 왕이냐" 한 이유도 바로 이것이다(요 18:33).

'예수의 왕 되심'이란 무엇인가? 그것은 예수가 다윗 왕조를 재건하여 실제로 정치적 왕이 되는 것을 뜻하는 게 아니다. 하나님의 백성이 범한 죄를 씻는 속죄 제사와 하나님의 새 백성을 창조하는 새 언약의 제사로 자신을 바침으로써, **하나님의 의로운 새 백성을 창조하여 그들 위에 하나님 나라가 이루어지게 하는 것**이 예수의 왕 되심의 뜻이다. 그러므로 예수는 십자가에서 당한 죽음을 통해서 하나님의 의로운 새 백성을 창조하여 그들 위에 하나님의 통치를 대행하는 왕이 된다. 이 뜻을 잘 나타내기 위해서 요한은 예수께서 발에 기름 부음을 받았다고 기록한다. 이로써 예수의 장례 치름을 상징하여 그의 죽음이 곧 그가 왕으로 등극하는 것을 뜻하고 있다. 우리가 누차 보았듯이, 요한은 예수의 '들림 받음,' 곧 십자가에 달려 들려 올려짐(죽음)을 그의 높임 받음(왕으로서 영광 받음)이 드러나는 사건으로 그리고 있다. 이렇듯 십자가의 죽음이 그의 왕 되심의 증거이다.

결국 이 점에서는 마가도 동일한 이해를 보인다. 마가도 예수를 정치적 왕으로 이해하지 않았다. 그는 예수가 대속과 새 언약의 제사로 자신을 십자가의 죽음에 내어 줌으로써 창조하는 하나님의 새 백성의 왕 되심을 선포한다. 그러기에 마가는 십자가에 달린 예수를 바라보며 모든 민족들 가운데 하나님의 백성으로 부름 받을 자들을 대표하여 로마의 백부장이 "이 사람은 진실로 하나님의 아들이구나"라고 고백하는 것을 예수 수난 기사의 **절정**으로 삼고 있다(막 15:39). 그러므로 마가도 예수가 왕으로서 등극하는 일이 십자가의 죽음에서 일어난다고 설명한다. 바로 이 신약성경의 공통 진리를 더 분명히 드러내기 위해 요한은 예수가 발에 기름 부음을 받았다고 한다. 우리는 복음서들의 이런 깊은 신학적 의미를 터득하고, 그 평면에서 복음서들이 지닌 놀라운 일치를 확인해야 한다. 그렇지 않고 문자적, 피상적으로 좀 차이가 있다는 데 얽매이는 것은 옳지 않다.

예수께서 십자가의 죽음을 통해 자신이 하나님의 계시와 구원의 중보자요, 하나님의 왕권을 대행하는 왕 또는 하나님의 아들임을 드러내는 것이므로, 요한은 13-20장에서 예수의 수난사를 다루면서도 이를 수난으로 보지 않고 예수의 영광 받음으로 그린다. 예수께서 다가오는 죽음을 향해 가면서 왕으로 영광 받고 높임받는 것(들려 올려짐)으로 말한다. 신약성경의 케뤼그마(복음 선포)는 공통적으로 예수께서 십자가에 못 박히는 수난과 하나님이 그를 부활시켜 만유의 주로 높이심의 구도이다. 그래서 빌립보서의 유명한 그리스도 찬송시(빌 2:6-11)는 하나님의 형상이신 예수께서 스스로 비워 인간이 되고 인간 가운데 가장 낮은 종이 되고 결국 인간이 체험할 수 있는 가장 낮은 체험인 십자가에 달려 죽기까지 낮아졌음과, 하나님께서 그를 지극히 높이시고 하나님 이름(야훼/주)을 그에게 주심으로써 온 우주의 모든 존재가 예수에게 무릎을 꿇고 예수가 주시라고 고백하게 했음을 찬양하고 있다. 이렇게 예수의 낮아짐과 높임받음, 수난과 영광으로 설명하는 것이 신약성경의 공통적 설명이고 우리는 여기에 익숙해 있다. 요한은 심오한 묵상 끝에 예수의 낮아짐과 높임이 따로 있는 것이 아니고, 그의 십자가의 못 박힘이 동시에 하나님의 아들로서의 높임 받음임을 깨닫고 그것을 더욱 효과적으로 표현하고 있다.

5) 예수의 예루살렘 입성(12:12-19)

요한은 예수의 예루살렘 입성(요 12:12-19)을 스가랴 9:9을 직접 인용해서 표현한다. 이것은 공관복음과 마찬가지로 스가랴의 예언에 따라 예수께서 겸손한 평화의 왕으로 예루살렘에 입성하는 것을 보여 주고 있다. 예수의 예루살렘 입성을 표현하는 부분에는 두 가지 강조점이 있다. 첫째는 예수께서 메시아인 왕으로 환영받으신다는 것이다(요 12:13; 18:33-40; 19:1-6, 12-19). 둘째는 제자들이 당시에는 메시아의 왕으로 입성한 것을 깨닫지 못했으나 십자가의 죽음 후에 깨닫게 된다는 것이다(12:16). 즉 십자가의 죽으심이 바로 왕 되심이라는 것을 깨닫게 된다. 여기서 바리새인들의 역설적인 예언 "보라 온 세상이 저를 좇는다"는 표현이 나온다(12:19). 그들은 냉소적으로 의도하고 말한 것이나, 그것이 오히려 진실을 예언한 셈이다. 이것 또한 요한복음적 역설이다. 사실 예수가 십자가에 들려 올려지면 온 세상을 자기에게로 이끌게 된다(요 12:32).

6) 모든 사람을 위한 죽음의 예고(12:20-36)

예수는 헬라인들이 자신을 보려고 찾아오자 자신이 "그 '사람의 아들'"로서 영광 받을(죽음) 때가 왔음을 선언한다. 그 죽음은 많은 열매를 맺기 위한 한 알의 밀알로서의 자기 희생이다(요 12:24). 예수의 십자가에서의 죽음은 하나님의 본질(사랑)을 드러내는 사건, 즉 하나님의 영광을 계시하는 사건이고, 그러므로 예수 자신이 하나님의 본질을 계시하는 분으로 정체를 드러내는, 즉 예수의 영광을 계시하는 사건이다.

이렇게 예수께서 십자가에서 죽음을 통해 하나님의 영광을 계시하면, 모든 민족이 하나님을 알게 되고 예수의 대속과 새 언약의 구원을 덕 입게 되어, 하나님을 예배하고 예수를 주로 섬기게 된다. 이것을 요한복음 12:32절이 나타내고 있다. "내가 땅에서 들리면 모든 사람을 내게로 이끌겠노라." 여기서 '모든 사람'은 유대인만 의미하는 것이 아니고, 당시 예수를 찾아온 헬라인들이 대표하는 모든 민족을 가리키는 말이다.

종말에 열방이 하나님을 예배하러 시온에 순례 온다는 구약 선지자들의 중요한 예언이 이것의 배경이 된다. 종말 때에 시온에 하나님의 영광이 나타나면 그 영광의 빛이 온 세상을 비추어서 온 세상에 흩어져 사는 이방 민족들이 하나님을 알게 되리라는 것이다. 그러면 지금까지 자신들이 섬기던 신들은 우상에 불과하다는 것을 깨닫고 그 우상들을 버리고 참된 하나님을 예배하러 시온에 오리라는 것이다. 예수의 십자가 못 박힘이 하나님의 계시의 절정이다. 이 계시의 빛이 온 세상에 비치면 모든 사람이 하나님을 예배하러 온다.

이렇게 죽음을 통해 "그 '사람의 아들'"이 영광을 받게 된다. 자신의 죽음을 통해서 대속과 새 언약의 제사를 이룰 때에 하나님의 새로운 백성이 창조된다. 믿는 유대인들과 열방에서 몰려드는 믿는 자들이 함께 이루는 공동체가 창조된다. 이를 미리 상징적으로 보여 주는 것이 헬라인들이 예수를 면담하고자 찾아온 일이다(요 12:20-21).

이렇게 예수의 죽음은 온 세상 사람들을 하나님의 백성으로 만드는 사건이어서, 이 세상의 왕인 사탄에게서 사람들을 빼앗아 오는 사건이라고 할 수 있다. 그러므로 예수의 십자가 사건은 사탄을 극복하여 그의 통치 아래 있는 사람들을 해방하고 하나님의 구원의 통치 아래로 불러들이는 사건이다(요 12:30). 이것이 구약의 출애굽 구원이 그림자로 보여 주었던 종말의 진정한 구원이다.

7) 유대인들의 거부(12:37-49)

예수의 죽음을 통한 구원을 얻고자 열방은 예수에게 나아오는데, 정작 제일 먼저 그 구원의 덕을 입어야 할 유대인들은 대개 예수를 거부한다. 그들 중에 더러 믿는 자들이 있기는 해도 유대 회당과 공동체에서 추방당할까 두려워 담대히 신앙 고백을 하지 못한다. 요한은 예수를 거부하는 유대인들과 예수를 추구하는 이방인들을 대조함으로써 초대 교회의 실재가 어떠한지 보여 준다. 유대인들은 예수를 거부함으로써 스스로 하나님 백성 자격을 상실한다. 이것은 선지자 이사야가 이미 예언한 바이다(사 6장; 53:1). 반대로 예수에게 나아오는 이방인들이 하나님의 새 백성이 된다.

이렇게 요한은 요한복음 1:11-12과 1:51에서 밝힌 프로그램적 선언이 어떻게 역사적으로 이루어지는지 보여 줌으로써 제1권 표적들의 책을 결론짓는다. 그리스도가 자기 백성에게 왔으나 그들은 그를 거부했다. 소수의 믿는 자들만 그를 받아들였다. 그들에게 하나님의 자녀 되는 권세가 주어졌다. 요한복음 1:51을 보라. 옛 사악함이 있는 옛 야곱의 자손들은 그리스도에 대한 불신앙으로 하나님의 백성 됨에서 스스로 탈락한다. 십자가에 들려 올려지는 "그 '사람의 아들'"에 의해서 하나님의 새로운 백성이 창조된다. 그들은 예수를 하나님의 아들로, 이스라엘의 왕으로 믿고 고백하는 나다나엘 같은 소수의 유대인들과 이방인들이다. 그래서 옛 야곱의 자손인 유대인들이 아니라, "그 '사람의 아들'"에 의해서 새롭게 창조된 하나님의 백성이 하나님의 어좌에 앉게 된다.

IV장

아들의 아버지께로 돌아감
(제2권 영광의 책 강해)

예수의 고별사
(13-16장)

'표적 들의 책'으로 일컬어지는 요한복음 2:1-12:50은 예수의 공적 가르침과 행함을 기술하였다. 요한은 예수께서 유대인들 앞에서 많은 표적을 행했는데도 "그들이 그를 믿지 아니하였다"로 '표적들의 책'을 맺고 있다(요 12:37). 그리고는 예수께서 자신이 죽어야 할 때가 이른 줄을 알고 "세상에 남아 있는 자기 사람들을 사랑하시되 끝까지 사랑하시니라"는 말로 '영광의 책'을 시작한다(요 13:1). 영광의 책은 표적들의 책이 기술한 것과 같은 예수의 표적들을 통한 계시를 보고 예수를 믿게 된 소수의 예수의 사람들에게 말씀하는 내용이다. 그리고 그들에 대한 예수의 사랑의 행위(곧 그들을 구원하기 위한 죽음)를 기록하고 있다.

영광의 책의 주제는 '예수께서 세상을 떠나서 **하나님께로 돌아감**'이다. 이것은 표적들의 책의 주제가 '빛이신 예수께서 **세상으로 오심**'이었던 것과 반대로 그가 세상을 떠나심이다.

예수께서는 고별사에서 제자들에게 자신의 임박한 죽음의 의미를 설명하고, 그들이 성령의 도우심 가운데 이 세상에 남아 어떻게 하나님의 백성으로 살아가야 하는지를 설명한다. 예수를 믿는 자들은 예수의 죽음을 통해 종말의 하나님 백성이 된다. 이들에게는 새 계명이 주어진다. 바로 사랑이다. 이 세상에서 그들은 반드시 저항을 만나고 핍박을 받는다. 그러나 예수께서는 하나님 아버지의 성령(파라클레토스)을 보내 주시겠다 약속하고, 성령의 도움 가운데 그의 제자들(즉 교회)은 서로 사랑하고 하나 되어 살아야 한다고 당부한다.

13-16장은 예수의 고별사, 17장은 예수의 기도, 18-19장은 예수의 수난, 20장은 예수의 부활로 이루어져 있다.

1) 제자들의 발을 씻어 줌의 표적(13:1-11)

영광의 책은 예수께서 제자들의 발을 씻어 주는 표적으로 시작한다. 예수는 긴 고별사를 하기 전에 하나의 표적적 행위를 한다. 즉 제자들의 발을 씻기는 것이다. 예수께서는 최후의 만찬 장면에서 수건을 갖고 만찬장에 둘러앉은 제자들의 발을 씻긴다. 앞에서 언급한 대로 요한복음에는 최후의 만찬 장면은 있으나, 만찬의 의미에 대한 말씀과 만찬을 되풀이하라는 제정의 말씀은 없다. 그러나 요한복음 13장에 떡과 잔에 관한 말씀의 의미가 간접적으로 나타나고, 6장에 해설이 나와 있다.

예수께서 제자들의 발을 씻기는 장면은 예수께서 지닌 자기 사람들에 대한 **완전한** 사랑을 보여 준다. 당시 유대에서는 종조차 상전의 발을 씻어 줄 의무가 없었다. 이를 볼 때, 이것은 낮아짐 또는 자기 희생의 극치이다.

2) 발을 씻어 줌의 두 가지 의미

발을 씻어 줌의 표적적 행위가 의미하는 바를 두 가지 측면에서 살펴보자.

구원론적 의미

첫째, 발을 씻어 줌에는 구원론적 의미가 있다. 이는 인간에 대한 예수의 섬김을 나타내되, 자신을 내어 주는 극단적 섬김, 즉 죽음을 통한 섬김을 나타낸다. 그것은 또 그의 죽음이 인간의 죄를 씻는 것임을 상징적으로 보여 준다. 예수의 죽음이 종으로 자기 백성을 섬기는 것인데, 그 섬김의 내용은 그들의 죄를 씻어 버리는 것이다. 이와 같이 예수가 제자들의 발을 씻긴 것은 다가오는 자신의 죽음이 인간들을 위한 속죄 제사라는 것을 극(劇, drama)으로 나타낸다. 그의 죽음이 죄인들의 죄를 씻어 내는 대속의 제사라는 명백한 뜻과 함께, 그것이 하나님의 새 백성을 창조하는 새 언약을 세우는 제사라는 뜻도 암시되어 있다. 예수께서 제자들의 발을 씻기고 나서 서로 사랑하라는 새 계명을 준 것도 그 것을 암시한다(요 13:34-35). 이것은 이스라엘을 하나님의 백성으로 삼은 시내 언약의 내용으로서 십계명이 주어진 사건의 종말론적 성취이다. 이것은 예수의 죽음이 "많은 사람들을 위해서 피 흘려" 이루는 대속의 제사이고(사 53:10) 하나님의 새 백성을 창조하는 "(새) 언약의 피"라는, 공관복음서와 고린도전서 11:23-26에 전승된 예수의 최후 만찬 말씀(특히 잔의 말씀)과 같은 뜻을 나타낸다(마 26:28; 막 14:24; 눅 22:20; 고전 11:25). 예수의 죽음은 속죄 제사로서 인간의 죄를 깨끗이 씻어 낸다. 이 부정적 표현이 뜻하는 바를 긍정적으로 표현하자면, 인간들을 의롭게 한다고 할 수 있으며, 그것은 하나님과 올바른 관계로 회복시킨다는 말이다. 예수의 죽음은 동시에 새 언약의 제사여서 이렇게 죄씻음을 통하여 하나님과 올바른 관계로 회복된 인간들을 하나님의 백성(자녀)이 되게 하는 것이다. 그러므로 예수의 죽음은 속죄하고 새 언약을 세워서 인간들로 하여금 창조주 하나님과 연합하게 하고 그의 부요함을 자녀로서 상속받아 살게 한다. 이렇게 예수의 죽음은 인간들로 하여금 초월자인 하나님의 생명, 곧 영생을 얻게 하는 것이다. 그러므로 그의 죽음은 인간의 **구원 사건**이다. 이것을 하나의 극으로 시위하기 위해서 예수는 제자들의 발을 씻어 준 것이다.

윤리적 모범

이렇게 새로이 탄생된 하나님 백성은 하나님과 올바른 관계에 들어가고 이웃과도 올바른 관계에 들어간다. 이 관계를 정의하는 것이 사랑이다. 그래서 이들에게 새 계명을 준다. 시내 언약에 따라 옛 모세 계명(십계명)을 주었듯이, 새 언약을 따라 새 계명을 준다(요 13:34-35). 예수께서 모든 계명을 두 마디로 요약하셨다. 혼신을 다해 하나님을 사랑할 것과 내 몸같이 이웃을 사랑하라는 것이다(막 12:28-31). 본문은 이웃 사랑을 강조하나, 하나님에 대한 사랑도 전제되어 있다. 자신의 속죄와 새로운 언약 제사로 새로 창조되는 하나님의 백성들에게, 즉 교회에게 예수께서는 새로운 계명인 사랑의 계명을 준다. 사랑의 계명을 실천하는 것을 통해 하나님과 이웃과 관계를 새롭게 회복하는 것이다. 예수께서 제자들의 발을 씻어 준 것은 이 사랑의 모범을 몸소 보인 행위다. 또 이웃에게 자신을 내어 주고 섬기라는 뜻으로 이 사랑을 정의한 것이다. 사랑은 **섬김**인데 바로 예수의 모범을 따라서 서로 종 노릇 하는 것이다. 원래 유대법에 따르면, 같은 유대인일 경우에 상전이라도 종에게 발을 씻겨 달라고 명령할 수 없었다. 발을 씻어 주는 행위는 너무 천하기 때문에 함께 하나님 백성 된 유대 공동체에서는 있을 수 없는 일이라고 해서, 유대인 상전은 유대인 종에게 발 씻기는 것을 요구하지 못했다. 그런데 예수께서는 종으로서 상전의 발을 씻기는 것이 아니고 상전 대접을 받는 선생으로서 제자들의 발을 씻긴다. 이렇게 예수가 종 노릇한 모범을 따라 하는 것이 바로 사랑이다. 예수가 자신의 대속과 새 언약의 제사가 된 죽음을 통해 창조하는 하나님의 새 백성이 이룰 공동체는 이와 같이 상호 섬김의 도를 실천하며 살아야 한다는 것을 가르치고자 함이 제자들의 발을 씻긴 이차적 뜻이다(요 13:12-17).

3) 예수의 영광 받음

요한복음 13:31-16:33에서 예수께서는 자신의 죽음이 지니는 의미를 자세히 강론한다. 이때 같은 주제를 많이 반복한다. 하나님과 하나님의 아들 예수의 관계, 예수의 아버지께로 돌아감과 다시 돌아옴, 아버지를 계시함, 그리스도의 이름으로 기도하면 아버지가 그리스도의 이름으로 응답해 준다는 것, 그리스도의 계명을 지켜야 한다는 것, 파라클레토스인 성령에 대한 가르침, 그리스도가 주는 평강, 이 세상 왕에 대한 심판, 이런 주제가 요한복음 13:31-14:31과 요한복음 15-17장, 양쪽에서 반복된다. 그러므로 이 두 부분은 원래 같은 자료를 기술하는 다른 판처럼 보인다. 요한복음을 마지막으로 편집할 때 이들을 함께 묶어 같은 주제를 반복하여 점진적으로 진전시킨 것으로 보인다.

예수의 십자가에 달려 죽음이 갖는 첫 번째 의미는 그의 영광 받으심이다. 예수께서는 요한복음 13:31–14:31에서 자신에게 다가오는 십자가 죽음을 이 세상을 떠나 '아버지께로 돌아감'이라고 강해한다. 본문에서는 '간다'와 '온다'라는 동사가 열네 번이나 쓰인다. 십자가에서 "그 '사람의 아들'"이 영광을 받으시고 그를 통하여 하나님이 영광을 받으심으로 예수의 하나님에 대한 계시가 절정에 이른다.

요한복음 13:31에는 "예수께서 가라사대 지금 인자가 영광을 얻었고 하나님도 인자를 인하여 영광을 얻으셨도다"라고 기록되어 있다. 이것은 예수 자신이 십자가에 달려 죽을 것임을 가리키는 말이다. 비록 미래에 일어날 사건이지만 필연적으로 일어날 것이려니와 금방 일어날 사건이므로 이미 일어난 것과 다름없이 나타내기 위해 과거 시제로 적고 있다. 여기서 예수의 영광 받으심은 하나님의 아들이라는 그의 정체가 드러남을 말한다. 십자가에 못 박혀 들려 올려짐이 수난이 아니고 영광이 되는 이유는 무엇인가?

하나님의 '영광'이 뜻하는 기본 의미는, 하나님의 **본질이 드러남**, 곧 **계시됨**이다. 구약에서 선지자들이 하나님께서 나타나심(theophany)을 볼 때, 대개 하나님의 '영광'을 보았다고 한다. 이때 그 '영광'은 종종 막강한 구름덩이 속으로 찬란히 비치는 빛으로 형상화된다. 그렇게 하나님의 '영광'이 나타나면(즉 하나님의 본질이 드러나면), 인간은 그분의 위대하심에 경탄하고 하나님을 절대적 주로 인정하고 예배하게 된다. 그러므로 십자가에 달린 예수, "그 '사람의 아들'"이 하나님을 '영화롭게 한다' 또는 그를 통하여 하나님이 '영광을 받으신다'는 말은, 예수께서 하나님의 본질을 드러내어(계시하여) 사람들로 하여금 하나님을 하나님으로 인정하고 그분에게 예배와 찬송을 드리게 함을 말한다.

예수께서 십자가에 달려 죽은 것은 하나님께서 우리를 구원하기 위해서 자신의 아들을 내어 주신 사건이다(요 3:16). 그러므로 십자가에 달린 예수는 하나님의 사랑을 계시하고 있다. 예수 그리스도는 십자가에서 하나님의 사랑을 계시하였다. 하나님의 본질이 사랑임을 계시했다. 하나님의 본질은 사랑이고(요일 4:8, 16), 십자가에 달린 예수가 이렇게 하나님의 본질(사랑)을 드러냄으로써 사람들로 하여금 하나님의 위대하심에 경탄하고 예배하게 한다. 이것을 두고 '하나님을 영화롭게 함,' '하나님께서 영광 받으시게 함' 등으로 표현하는 것이다. 예수, 곧 "그 '사람의 아들'"이 십자가에 달려 들려 올려짐으로써 하나님의 본질(사랑)을 계시하여 하나님의 영광을 드러낸 것이다.(하나님께서 영광 받도록 했다).

예수께서 십자가에서 하나님의 본질을 드러낸 것은, 동시에 자신의 본질을 드러낸 것이다. 예수께서는 하나님을 계시함으로써 자신이 하나님의 계시자임을 계시한다. 자신의 정체가 하나님의 계시자임을 드러낸다. 이것을 '영광'이라는 개념으로 표현하자면, 예수께서 십자가에 달려 하나님이 영광 받으시게 함으로써 자신도 영광 받는 것이다. 하나님을 계시하는 예수와 그를 통해서 계시되는 하나님의 관계를 성경 숙어로 표현하자면, '하나님 아버지와 그의 아들'이라고 말하는 것이 가장 적절하다. 예수께서는 요한복음에서 자신이 자신을 보내신 하나님 아버지를 계시한다는 점을 많이 주장한다. 동시에 이 주장은 자신이 하나님 아버지로부터 보냄받은 하나님의 아들로서 하나님을 계시하는 분이라는 뜻이다. 말씀과 표적을 통해 하나님 아버지를 계시한 하나님의 아들 예수는 이제 십자가에서 그 계시의 과업을 완성하여 하나님의 본질을 완전히 드러낸다. 그리하여 예수는 자신이 하나님의 계시자, 곧 하나님의 아들임을 완전히 드러내는 것이다.

계시가 온전히 이루어지는 상황에서는, 계시자(the revealer)는 계시되는 자(the revealed)와 같다. 또는 보냄받은 자(the sent one)는 보낸 자(the sender)와 같다. 그래야만 온전한 계시가 이루어지기 때문이다. 그래야만 계시자가 계시되는 자를 온전히 나타낼 수 있고, 우리가 계시자를 보고 계시되는 자를 알 수 있기 때문이다. 그러므로 예수께서 '십자가에서 하나님을 온전히 계시하였다,' 또는 '하나님의 영광을 드러냈다' 는 말은 그가 계시자로서 계시되는 하나님과 같은 분이라는 뜻을 담고 있다. 즉 예수께서 하나님의 본질을 계시함으로써 자신이 하나님과 같은 분임을 계시한다. 이와 같이 십자가에서 하나님의 계시자로서 하나님과 본질적으로 같은 하나님의 아들이라는 예수의 정체가 드러나게 된다. 그러므로 예수께서 십자가에 달려 들려 올려짐은 그가 '영광' 받는 사건이다. 그러기에 예수께서는 고별사에서, 다가오는 자신의 죽음을 아들이 아버지로 하여금 영광 받게 함으로 아들도 영광 받는 사건이라고도 하고(요 13:31), 아버지가 아들을 영화롭게 하고 아들이 아버지를 영화롭게 하는 사건이라고도 한다(요 13:32; 17:1, 4-5). 요한복음은 이렇게 깊은 신학적 이해를 토대로 예수의 십자가에 달린 것을 수난 받음으로 표현하지 않는다. 도리어 "그 '사람의 아들'"로서 "들림받음"(들려 올림)이라고 표현하여, 십자가에 달려 땅 위에서 들려 올려짐은 곧 그의 높여짐(영광 받음)을 표적한다고 말한다(요 3:14; 8:28; 12:32, 34).

예수께서 십자가에 달림은 슬픈 수난이 아니고, 우리를 사랑하기에 자신을 내어 주시는 하나님의 모습을 보여 주는 계시의 사건이다. 이 십자가 사건에서 사랑의 의미가 정의된다. 사랑이란 자신을 내어 줌이다. 인간의 근본 문제는 '자기 주장'이다. 인간은 자신이 하나님이라고 주장하며 자기 힘으로 살려 하고 자기 이익만 추구하며 산다. 이 인간의 근본 문제인 죄, 즉 자기 주장이 하나님과 이웃과 환경과 갈등을 일으켜 우리를 죽음에 이르게 하고, 죽음의 증상으로 갖가지 고난을 겪게 한다. 죄로 말미암아 초래된 이 죽음을 극복하는 방법은 사랑이다. 자신을 내어 줌이다. 하나님께서는 죄인들을 위해 자신을 내어 주는 분이시다. 예수께서는 십자가에서 이런 하나님을 계시한다. 십자가에 달린 그리스도가 바로 우리를 사랑하시는 하나님의 모습이다. 초월자 하나님이 우리를 사랑하시는 분이다. 그분께서 우리 죄 문제를 해결하기 위해 자신의 아들을 십자가 대속의 죽음에 내어 주시는 사랑을 베푸셨다. 이것이 바로 복음이다. 창조주 하나님의 본질이 사랑이기에 우리 피조물들에게는 구원의 소망이 있는 것이다. 창조주, 초월자, 전능자이시기에 유일하게 우리를 구원할 수 있는 하나님이 우리에게 진노하시거나, 우리에게 무관심한 분이시라면, 우리에게 구원의 소망이 있겠는가? 그러나 우리를 구원하실 수 있는 전능자 하나님은 우리를 사랑하시는 분이다. 이것이 기쁜 소식이다. 이 진리가 십자가에 달린 예수를 통하여 계시된 것이다. 여기에서 피조물의 구원 가능성이 열린다. 사랑만이 치유의 힘이 있다. 바로 초월자의 사랑만이 온 우주를 치유할 수 있다. 예수 그리스도의 십자가 죽음으로 우리를 위한 초월자 하나님의 그 사랑이 베풀어졌다. 이것이 복음, 곧 기쁜 소식이다. 이것이 바로 예수의 메시아(종말의 구원자)적 사건으로서 우리의 구원 사건이다.

4) 아버지께로 돌아가 하나님 백성의 방 예비

요한복음 14:1-4은 그리스도가 떠나가는 것을 말한다. 이것은 아버지께로 돌아가는 것을 뜻한다. 예수의 죽음은 제자들을 떠나가서 아버지께로 돌아가는 것이다. 그런데 이는 하나님 아버지 집에 제자들이 거처할 곳을 예비하기 위해서다. 처소를 마련하여 그곳에서 그들을 영접하겠다는 뜻이다. 예수의 십자가 죽음은 대속과 새 언약의 제사이므로 죄인인 인간들을 하나님과 올바른 관계로 회복시키고(속죄/의롭게 함), 하나님의 하나님 노릇 해 주심 또는 아버지 노릇 해 주심을 덕 입어 살게 한다(새 언약). 이것을 그림으로 말하자면, 예수께서 우리를 하나님 집에 살게 해 준다는 것이다. 자식들이 아비 집에 거처하듯이 말이다.

예수께서는 죽음으로 제자들 곁을 떠나간다. 그렇지만, 이 떠나감은 예수께서 새로 창조하는 하나님 백성이 위에 들어가도록, 하나님의 집에 들어가도록 하기 위함이다. 이렇듯 아래 세상에서 위 세상으로 길을 놓는 것이다. 그리하여 새롭게 창조된 하나님의 자녀로서 하나님 집에서 하나님이 아버지 노릇 해 주심을 덕 입고 살게 한다는 뜻이다. 아빠가 자녀를 위해서 베푸는 잔치에 참여하게 한다는 뜻이다. 하나님의 신성에 참여하게 하고 신적 생명인 영생을 얻게 하는 것이다.

이때 도마의 오해가 나온다. 도마는 "주여 어디로 가시는지 우리가 알지 못하거늘 그 길을 어찌 알겠삽나이까"(요 14:5) 하고 묻는다. 그러자 예수께서는 "내가 길이요, 진리요, 생명이니 나로 말미암지 않고는 아버지께로 올 자가 없느니라"(요 14:6)고 대답한다. 예수께서는 하나님을 계시해서 가짜의 세계에서 하나님의 진리를 알게 하는 분이다. 우리로 하여금 하나님을 알게 해서 생명(신적 생명, 곧 영생)을 얻게 하는 분이다. 예수의 계시를 통해서만 하나님을 알고 진리를 알고 생명을 얻을 수 있다. 더 나아가서 바로 이전 문단에서 본 바와 같이 예수께서는 자신의 대속과 새 언약의 제사인 죽음을 통해 우리를 하나님과 올바른 관계로 회복시키고, 생명을 얻게 한다. 이렇듯 예수께서는 하나님의 진리를 계시하고 십자가 죽음을 통하여 우리에게 생명을 준다. 이렇게 해서 우리가 하나님을 알고, 하나님의 집에 들어가고, 하나님과 연합하여 신적 생명을 얻게 하는 분이다. 그렇기에, 예수께서는 자신을 가리켜 아래에서 위에 계시는 하나님께 가는 '길'이라고 말씀한다.

예수께서 하나님을 계시해서 우리가 하나님을 알 수 있다. 따라서 우리가 예수를 알면 곧 하나님도 알게 되는 것이다(요 14:7). 예수를 보면 하나님 아버지를 보는 것이다. 이때 또 빌립이 예수께 아버지를 보여 달라고 하는 요한복음적 오해가 나온다(요 14:8). 이에 대해 예수께서 "내가 이렇게 오래 너희와 함께 있으되 네가 나를 알지 못하거늘 어찌하여 아버지를 보이라 하느냐"(요 14:9)고 되물으신다. 그리고 하나님 아버지와 아들인 예수가 상호 내주한다고 말씀한다(요 14:10). 아들 안에 아버지가 내주함으로 아들의 모든 행위는 곧 아버지의 행위이고 아들의 모든 가르침은 아버지의 뜻이라는 것이다. 이들이 한 모든 이적과 가르침은 그 안에 내주하시는 아버지가 한 것이므로, 이로써 아버지를 나타내는 것이다.

5) 그리스도의 다시 오심

예수께서 십자가에 들려 올려져 아버지께로 귀환한다. 그 뒤, 아버지께서 예수 그리스도의 또 다른 자아(alter-ego)인 성령을 보내시는데 (요 14:16, 26), 예수께서는 그 성령을 통해 제자들에게 되돌아온다. 예수께서는 십자가 죽음을 통해 아버지께 돌아가지만 성령을 통해서 제자들에게 다시 돌아온다. 그리고 약속대로 제자들을 고아같이 버려 두지 않고 계속해서 자신의 영인 성령을 통해서 돌본다(요 14:3, 18-19).

죽음을 이기고 부활한 예수께서 이렇게 성령으로 와서 자기 백성, 다시 말해서 교회 가운데 내주함으로 교회가 하나님을 계시하고 하나님의 구원 치유를 베푸는 일을 계승해 나가게 한다. 높임을 받아 아버지께 돌아가는 그리스도가 성령을 통해 자신의 백성(교회)에게 돌아와서 그들 가운데 내주하고 그들을 인도한다는 사상은 요한복음 16:5-24에 더 분명히 전개된다. 이렇게 부활하신 주가 성령을 통하여 내주하는 교회는 어떤 의미에서 예수께서 공생애 기간 동안 한 일보다 더 큰일을 한다고 할 수 있다(요 14:12-14). 교회가 이렇게 큰 일을 이루기 위해서는 우선 기도를 통해서 주의 힘을 입어야 한다(요 14:13).

요한복음 14:20절을 보면 "그날에는 내가 아버지 안에 너희가 내 안에 내가 너희 안에 있는 것을 너희가 알리라"고 한다. 삼중 상호 내주이다. 요한복음 14:10-11은 아버지와 아들의 상호 내주를 말했다. 20절은 아들을 중보자로 해서 아버지와 그의 백성인 제자들이 상호 내주하는 것을 말하고 있다. 아들을 중보자로 해서 하나님과 교회가 연합함을 말하고 있다. 이렇게 해서 피조물이 창조주와 연합하게 된다.

6) 하나님의 새 백성

이런 교회는 서로 사랑하라는 계명을 지켜야 한다. 요한복음 13장에서는 서로 사랑하라고 가르치고, 14:21-24에서는 하나님을 사랑해야한다고 가르친다(사랑의 이중 계명-막 12:29-31 참조). 하나님을 사랑함은 하나님의 계시자요 대리자인 하나님의 아들을 사랑하는 것이다. 아들을 사랑한다면 그의 계명을 지켜야 한다. 계명을 지킬 때 우리는 하나님과 사랑하는 관계에 놓인다. 하나님의 새 백성에게 주어진 새 계명, 즉 하나님과 이웃을 서로 사랑하라는 계명을 지키는 모습은 하나님 아버지와 그의 아들이 교회에 내주하시는 표징이 된다(요 14:23). 그리스도를 사랑하지 않는 자는 그의 말을 듣지 않는 자로서 결국 그를 보내신 하나님을 사랑하지 않는 자이다(요 14:24).

이 주제는 요한복음 15장 포도나무 비유로 연결된다. 하나님을 농부로, 그의 백성 이스라엘을 하나님이 가꾸는 포도밭으로 그리는 것은 구약에 자주 나오는 하나님과 이스라엘의 언약 관계를 비유한 그림 중 하나이다. 요한복음 15장에서는 하나님이 농부로, 그리고 예수 그리스도가 포도나무로 그려진다. 이것은 요한복음 1:51절이 이미 암시한 대로, 예수 그리스도 "그 '사람의 아들'"이 다니엘 7장 예언대로 종말의 하나님 백성의 조상(또는 내포적 대표: Stammvater: inclusive representative: corporate head)으로서, 자신의 후손 이스라엘 민족을 자신의 몸 안에 내포하며 대표했던 옛 야곱-이스라엘같이, 종말의 하나님의 새 백성을 자신의 몸 안에 내포하며 대표한다는 사상을 나타내고 있다. 하나님의 새로운 백성은 "그 '사람의 아들'"이 십자가에 달려 들림 받음, 즉 십자가에 달려 대속과 새 언약의 제사로 드려지는 죽음으로 창조된다. 우리는 이 그리스도를 믿음으로써 그의 대속과 새 언약의 제사에 힘입어 하나님과 올바른 관계를 회복한 새 백성이 되고, 그와 연합되고 그 안에 내포되어 하나님의 아들 됨에 참여하게 된다. 이것을 15장 포도나무 비유로 잘 표현하고 있다. 그리스도는 포도나무이고 그리스도와 믿음으로 연합한 우리는 포도나무에 붙은 가지다. 포도나무 가지가 열매를 맺기 위해서는 포도나무에 계속 붙어 있으면서 뿌리에서 수분과 양분을 공급받아야 하듯이, 그리스도의 죽음과 부활로 창조된 하나님의 새로운 백성은 계속해서 그리스도 안에 거해야 한다. 이것은 믿음을 지킴으로 가능한데, 믿음을 지킨다는 말은 계속해서 그리스도에게 의지하고 그의 말씀을 순종하는 것이다. 계속 그리스도의 사랑을 공급받고(요 15:9-11), 그리스도의 계명을 지켜야 한다(요 15:12-17). 그리스도께서는 새 계명으로서 서로 사랑하라고 말씀하셨다. 요한복음 13장에서 이미 가르치고 시범한 사랑의 계명, 자신의 대속적 죽음으로 가장 고상하게 시범할 사랑의 계명, 남에게 자신을 내어 주는 자기 희생으로 정의되는 사랑(요 15:13)의 계명을 계속 듣고 지킴으로써 우리는 그리스도 안에 거하게 되고 연합 상태를 유지한다. 그리하면 우리(하나님의 백성, 교회)는 많은 선교와 성화의 열매를 맺게 된다. **교회**는 어디까지나 사랑으로 본질을 나타낸다. 교회가 사랑의 열매를 풍성히 맺는다면 스스로 그리스도의 제자와 하나님의 백성으로 증명된다(요 15:6). 우리가 하나님의 백성으로서 이 사랑의 열매를 맺지 않으면, 열매 맺지 않는 포도나무 가지들이 잘려 불에 던져지듯이, 우리도 하나님의 심판의 불에 던져지리라는 경고도 있다(요 15:7).

그리스도를 통해서 새롭게 창조된 하나님의 백성은 이 세상에 있으나 이 세상에 속하지 않고 그리스도에게 속함으로써, 이 세상에서 그리스도가 핍박받았듯이 핍박받게 되어 있다. 그러나 그리스도가 하나님 아버지 께로서)보내는 성령 파라클레토스(Parakletos)의 도움을 힘입어 하나님 의 백성 교회는 계속 그리스도를 증거해 가야 한다(요 15:18-27).

7) 성령 파라클레토스

그리스도가 죽음을 통해 하나님 아버지께 귀환한 후, 하나님께서는 교회에 그리스도의 이름으로 자신의 제2 자아인 성령을 보내신다(요 14:16, 26). 이 사실을 두고 그리스도가 아버지께로서 성령을 보낸다고 도 말한다(요 15:26; 16:7). 요한복음 14:15-16, 26; 15:26-27; 16:7-15에서 요한은 성령을 '파라클레토스(Parakletos)' 라 부른다. 이 칭호에 어떤 언어적, 종교사적 또는 전승사적 배경이 있는지에 대해 서는 아직도 명쾌한 설명이 없다. 그러기에 우리는 이 헬라어를 분석하 여 '옆으로(para-) 불림 받은 이(kletos),' 즉 우리 곁에 와서 우리를 돕 도록 하나님께서 부르신 이라는 뜻인지, 또는 같은 어원의 헬라어 동사 parakaleo의 명사 paraklesis가 신약성경에 '위로하다' 와 '권면하다' 의 이중 의미로 많이 쓰이므로 파라클레토스(Parakletos)가 '위로자/ 권면자' 를 뜻하는지 짐작해 볼 따름이다. 또 파라클레토스(Parakletos) 로 지칭된 성령이 예수 그리스도의 제2의 자아로서 예수가 아버지께 돌 아가신 후에 교회에 오셔서 그리스도가 땅 위에서 제자들에게 하던 일 을 승계한다는 요한복음의 가르침을, 모세와 여호수아, 엘리야와 엘리 사, 세례 요한과 예수 등 주의 종과 후계자가 짝을 이루어 하나님의 구 원 사역을 감당하는 구원사의 패턴에 비추어 이해해 볼 수도 있다. 이런 관계를 가리켜 'tandem relationship' 이라고 한다. 요한은 지도자와 후계자가 함께 하나님의 구원을 이루는 이 패턴을 예수와 성령의 관계에 대한 그림으로 본 것 같다. 그래도 우리는 왜 요한이 그런 그림을 파라클레토스라고 명명했는지는 알 수 없다. '파라클레토스' 는 요한복음의 저자 또는 요한 공동체의 성령에 대한 깊은 인식에서 나온 창조(innovation)임이 틀림없다.

그러므로 파라클레토스를 어떻게 번역해야 정확한지도 우리는 모른다. 이런 상황에서는 요한복음 14:15-16, 26; 15:26-27; 16:7-15 등에 기술한 파라클레토스로서의 성령의 역할에서 힌트를 얻어 칭호를 번역할 수밖에 없다. 파라클레토스 성령은 제자들(교회)에게 와서 그들 안에 내주하시며(요 14:17), 그들에게 모든 것을 가르치고 예수의 가르침을 기억나게 하고(14:26), 예수 그리스도에 대해서 증거하고(요 15:26), 그들을 모든 진리로 인도하고, 앞으로 일어날 일들을 선포하며(요 16:13), 그리스도의 것을 선포하여 그를 영화롭게 한다(요 16:14). 반면에 세상에 대하여는 죄와 의와 심판에 대해 옳게 깨닫지 못한 것을 정죄한다(요 16:8-11). 요한은 파라클레토스 성령의 이런 역할들을, 그리스도가 아버지께 귀환한 가운데 아직 세상에 남아 있는 교회가 세상으로부터 핍박받으리라는 가르침의 맥락에서 말하고 있다(요 14:1, 18-19, 27; 15:18-25; 16:1-11, 20-24). 그러므로 파라클레토스 성령은 이 세상에서 핍박받는 교회와 함께하고 그들을 보호하며, 그들을 위로하고 힘준다는 사상도 함축되어 있는 것 같다. 이 뜻이 특히 잘 나타나도록 하기 위해 영어 번역본들은 파라클레토스를 흔히 'comforter' 또는 'counselor' 라고 번역하는 것 같다. 한글 개역성경은 파라클레토스의 역할들을 더욱 포괄적으로 나타내는 보혜사(保惠師: 보호하고 은혜 베풀고 가르치는 선생)라는 말을 지어서 쓰고 있다.

파라클레토스 성령은 교회에 대해서는 주로 가르치는 일을 한다. 자신의 독자적 가르침을 가르치기보다는, 그리스도의 가르침을 기억나게 하고 깨닫게 하고 그리스도에 대해서 증거한다. 그리하여 제자들을 진리로 인도한다. 그러기에 성령은 위에서 오는 '진리의 영'이라고 불린다(요 14:17; 16:13). 제자들이 세상 법정에서 그리스도에 대한 신앙 때문에 재판받게 될 때, 파라클레토스 성령은 그들이 고백하는 그리스도에 대한 증언을 강화시켜 준다(요 15:26-27). 말하자면 그들의 변호사 노릇을 하는 것이다. 그러나 파라클레토스 성령은 세상을 대해서는 검사 노릇을 하신다. 그들의 죄를 정죄하고 책망하고 심판한다.

8) 삼위일체론적 신론

아버지, 아들 그리고 성령

성령은 하나님의 아들이 아버지께 요청해서 아버지께서 보내신다(요 14:16). 아버지께서 아들의 이름으로 보낸다(요 14:26). 아들이 아버지로부터 보낸다(요 15:26; 16:7). 이렇게 요한복음은 성령을 하나님 아버지의 사자(使者; agent)라고도 하고 하나님 아들의 사자(使者; agent)라고도 해서, 하나님 아버지와 하나님의 아들이 성령을 보내심에 함께 작용함을 보여 준다. 그리하여 요한은 하나님의 삼위일체적 존재와 사역을 나타내 주고 있다.

동방 교회와 서방 교회가 분열할 때 가장 중요한 이슈가 바로 성령이 아버지에게서만 나오는가, 아버지와 아들에게서 나오는가의 문제였다.

서방 교회는 아버지에게서만이 아니라 아들에게서도 나온다고 말하고, 그래야만 삼위일체 구조가 확실하다고 주장했다. 이런 서방 교회 전통이 로마 가톨릭 교회이고 그것을 개혁한 것이 개신 교회이다. 동방 교회는 그리스 및 러시아 정교의 전통으로 이어졌는데, 이쪽 교회는 성령이 아버지에게서만 나온다고 강조한다. 그러나 이 문제에 관해서는 서방 교회가 요한복음의 가르침을 옳게 해석한 것이 분명하다.

성령은 하나님 아버지께서 보내시는 영으로서 하나님의 사자이므로 하나님 아버지의 영이라 할 수 있다. 동시에 하나님 아들인 예수 그리스도가 보내는 영으로서 하나님 아들의 사자이기도 하므로 아들의 영 또는 그리스도의 영이라 할 수도 있다. 그래서 실제로 바울은 같은 맥락에서 성령을 '하나님의 영'이라고 불러 놓고는 금방 '그리스도의 영'이라 부르기도 하고(롬 8:9-17), 또 하나님이 우리 심장 속으로 '아들의 영'을 보냈다고도 한다(갈 4:6).

보냄받은 자와 보낸 자, 계시자와 계시되는 자, 아들과 아버지의 동등성

요한은 예수 그리스도가 하나님 아버지로부터 보냄받은 하나님의 사자(使者; agent)이며 하나님의 아들임을 누차 강조한다(요 3:17 등). 그러므로 보냄받은 사자(使者; agent)인 아들은 자기의 가르침을 가르치지 않고, 자기의 뜻을 좇지 않고, 자기의 영광을 나타내려하지 않고, 어디까지나 자기를 보내신 아버지의 가르침을 가르치고, 그의 뜻을 좇았으며, 그의 영광을 드러내려 한다(요 5:19-30; 7:16-18; 8:26-29, 38, 40, 42, 49-50; 14:10; 17:8 등). 보냄받은 사자(使者; agent)인 아들은 자신을 보내신 아버지가 하는 것을 보고 그대로 행하는 분으로서, 아버지에게 위임받은 권세로 아버지의 일들인 생명 주는 일과 심판하는 일을 대행한다(5:19-30, 36; 10:37-38). 그러므로 아들은 아버지의 계시자이다. 그러므로 우리는 보냄받은 아들의 말씀(가르침)에서 보내신 아버지의 말씀(가르침)을 듣고, 아들의 뜻에서 아버지의 뜻을 헤아릴 수 있으며, 아들의 **치유** 행위에서 아버지의 **구원** 행위를 체험할 수 있다.

거듭 말했듯이 계시의 제1원칙은 계시자(the revealer)는 계시되는 자(the revealed)와 같다는 것이다. 이래야 계시가 일어나기 때문이다. 원숭이를 보고 사람을 알 수 없고 오로지 사람을 봐야 사람을 알 수 있다. 그러므로 원숭이는 사람을 계시할 수 없다. 원숭이가 설령 동물학적으로 사람과 99% 같다 해도, 다른 1% 때문에 계시가 일어나지 않는다. 즉 그 다름 때문에 온전한 계시가 일어날 수 없다는 것이다. 따라서 사람만이 사람을 계시할 수 있다. 마찬가지로 예수가 하나님의 아들로서 하나님의 계시자라는 말은 그가 하나님과 같다는 뜻이다. 그가 하나님 아버지와 같기에 그를 고스란히 계시할 수 있다. 예수의 모든 이적 행위는 아버지의 막강한 치유의 힘 또는 생명 주는 힘을 그대로 계시한다. 그래서 아들과 아버지가 같은 것이다. 요한복음에서는 이 진리를 "나와 아버지가 하나다"(요 10:32)라고 하거나, 또는 "아비지가 내 안에 있고 내가 아버지 안에 있다"(요 10:38; 14:10, 20)라는 상호 내주 또는 연합으로 표현하기도 하고, 아들은 하나님의 절대적 자존자로서의 이름("내가 이다": $\epsilon\gamma\omega$ $\epsilon\iota\mu\iota$: I am)을 가진 분으로 나타내기도 한다(8:28, 58). 계시자와 계시된 자는 이와 같이 존재론적으로 같다(ontological unity). 뿐만 아니라 기능적으로도 같다(functional unity). 즉 계시 행위에 있어서도 하나됨이 있다. 그래서 아들의 치유 행위는 아버지의 구원 행위의 대행이다. 기능적으로 같다는 것은 역설적으로 아들의 아버지에 대한 종속(subordination)을 말한다. 아들이 아버지로부터 독립적인 의지로 무슨 일을 하면 그 일에서 우리는 아버지의 뜻을 헤아릴 수 없고 아버지의 행위를 체험할 수 없다. 오로지 아들이 자신의 뜻을 아버지의 뜻에 완전히 합치시킬 때만 아들의 뜻에서 아버지의 뜻을 온전히 헤아릴 수 있는 것이다. 이 진리를 요한복음은 아들이 아버지의 뜻을 추구한다(요 4:34; 5:30), 아버지의 가르침을 가르친다(요 7:16), 또는 아버지의 명령을 수행한다(요 14:31) 등으로 표현하기도 하고, 아예 "아버지가 나(아들)보다 크다"(요 14:28)는 말로 표현하기도 한다.

요한복음을 신학적으로 잘 이해하지 못하는 사람들은 "나와 아버지가 하나다"는 말처럼 아들과 아버지의 동등성을 나타내는 말들과, '아버지가 나(아들)보다 크다'는 말처럼 아들의 아버지에 대한 종속성을 나타내는 말들 간에 모순이 있다고 생각한다. 여호와의 증인들은 후자의 표현만 가리키며 삼위일체 신론에 반대하고, 결국 그리스도의 완전한 신성을 인정하지 않는다. 이는 고대의 아리우스 이단과 같은 해석이다. 그러나 이런 해석은 아버지에 대한 아들의 기능적 종속성을 나타내는 말들도, 사실은 아들(계시하시는 분)이 아버지(계시되는 분)와 같음을 나타내는 말이라는 것을 이해하지 못한 까닭으로 빚어진 일이다.

앞서 말한 대로 아들이 아버지를 온전히 계시하기 위해서는 아버지와 본질적(또는 존재론적)으로만 같을 뿐 아니라, 의지에 있어서도 아버지와 같아야 한다. 그 **의지**에 있어서 같다는 것을, 아들이 자신의 의지를 아버지 의지에 완전히 합치시키는 것으로 표현하기 위해 **종속** 또는 순종의 언어를 사용하였다. 따라서 아들이 아버지와 하나라는 존재론적 동등성을 주장하는 문구나, 아버지가 아들보다 크고 아들이 아버지에게 순종한다는 종속성을 말하는 문구나, 다 함께 계시하시는 아들이 계시되는 아버지와 **같다**는 것을 말한다. 만약 아들이 독자적인 의지를 가지고 아버지의 뜻과는 다른 행동을 하면, 그 행동이 어떻게 아버지의 뜻을 계시할 수 있겠는가?

아리우스의 오류는, 그리스도를 신적인 분이지만 아버지보다는 조금 낮은 분이라고 본 점이다. 만약 그렇다면 그리스도는 아버지를 계시할 수도 없고 우리를 구원할 수도 없어, 우리는 하나님을 알 수도 없고 구원받을 수도 없다. 즉 온전한 계시가 일어날 수 없다. 그리스도가 하나님과 같아야만 하나님을 보여 줄 수 있는데, 그가 하나님보다 조금 낮으면, 그는 사람보다 조금 낮은 원숭이가 사람을 보여 줄 수 없듯이 하나님을 보여 줄 수 없다. 또 전능자 하나님만이 우리를 구원할 수 있는데, 그리스도가 하나님보다 조금 모자란다면 우리를 구원할 수 없다. 스스로 모자란 분이 어떻게 우리를 모자람(결핍)에서 구원하여 우리를 온전케 할 수 있겠는가?

그래서 아리우스와 아다나시우스의 논쟁이 계시론적으로 그리고 구원론적으로 중요하다. 그리스도의 신성을 약화시켜서 구원과 계시의 문제에 오류를 범하는 것은 기독교에 치명상이다. 그러므로 고대 교회가 아리우스를 이단으로 정죄한 것이다.

성령, 아들, 아버지의 동등성
이렇게 예수 그리스도 하나님의 아들이 하나님 아버지와 완전히 같기에 하나님 아버지를 완전히 계시하고 우리를 위한 그의 구원을 완전히 이루었다. 이렇게 구원과 계시는 우리 밖에서 우리의 참여 없이 예수 그리스도라는 역사적 인물을 통해 일어난 사건이기 때문에 역사적 또는 객관적 계시와 구원 사건이라고 할 수 있다. 이 역사적 또는 객관적 구원 사건이 오늘 나에게 실제로(실존적으로) 효력을 발생하게 하시는 분이 바로 성령이다. 성령은 그리스도 즉 하나님의 아들 안에서 일어난 하나님의 계시를 오늘 나에게 계시되게 하고 그 구원이 실제로 내게 효력을 발생하게 하는 분이다.

이것을 요한은 14-16장에서 잘 설명하고 있다. 이곳에서 요한은 우선 하나님의 아들이 십자가에 달려 들려 올려짐으로 말미암아 아버지에게로 돌아감에 따라 하나님께서 성령을 보내심을 강조한다. 요한은 성령을 하나님의 아들이 아버지께 요청해서 아버지가 보낸다(요 14:16)고도 하고, 아버지가 아들의 이름으로 보낸다(요 14:26)라고도 하며, 아들이 아버지로부터 보낸다(요 15:26; 16:7)고도 한다. 이렇게 요한복음은 성령을 하나님 아버지의 사자(使者; agent)라고도 하고 하나님의 아들의 사자(使者; agent)라고도 한다. 앞에서 본 바와 같이, 아버지로부터 보냄받은 아들은 자신의 가르침을 가르친 것이 아니라 그를 보내신 아버지의 가르침을 가르쳤다(요 7:16-18; 14:10; 17:8 등). 마찬가지로 아들로부터 보냄받은 성령은 자신의 가르침을 가르치는 것이 아니라 자신을 보낸 아들의 가르침을 가르친다(요 14:26; 15:26; 16:14). 성령은 아들의 가르침을 기억 나게 하고 이해하게 한다. 아들의 가르침은 원래 아버지의 가르침이므로, 성령은 그렇게 함으로써 결국 아버지의 가르침을 가르친다. 이렇게 성령은 아버지의 사자이기도 하고 아들의 사자이기도 하다. 아들은 아버지의 가르침을 가르치고, 성령은 아버지의 가르침을 가르친 아들의 가르침을 우리에게 상기시키고 깨닫게 하는 일을 하신다. 즉 성령은 아들의 계시를 우리에게 계시하는 분이다. 아들 안에 일어난 아버지의 역사적 또는 객관적 계시를 오늘 우리에게 실존적으로 계시하는 분이다.

　계시자(the revealer)는 계시되는 자(the revealed)와 같다, 또는 보
냄받은 자(the sent one)는 보낸 자(the sender)와 같다는 논리는 '아
들과 아버지의 관계'와 마찬가지로 '성령과 아들과 아버지의 관계'에
도 적용된다. 성령이 우리에게 자신을 보낸 아들을 계시한다는 사실은
그가 아들과 같다는 말이요, 성령이 아들을 계시함으로써 결국 아들이
계시한 아버지를 계시한다는 말은 아버지와도 같다는 말이다. 이것이
바로 삼위일체론적 신론의 구조이다. 요한계시록과 더불어 요한복음이
신약성경 가운데 이 신약의 공통 진리를 가장 분명히 설명해 주고 있다
고 볼 수 있다.

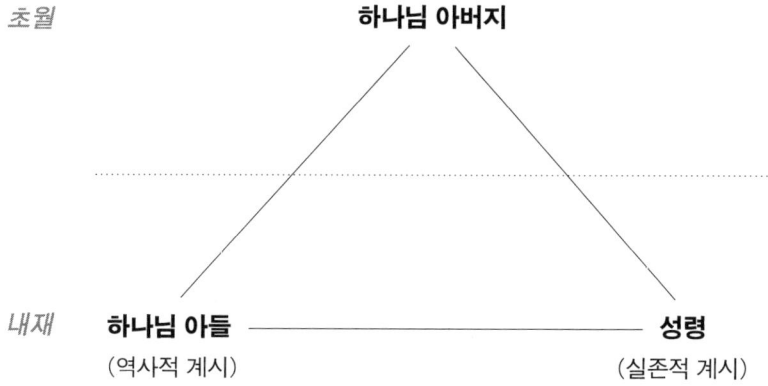

삼위일체 신론의 의미와 중요성

　하나님을 삼위일체적 존재로 인식하는 것은 하나님을 초월자이면서
동시에 이 우주와 역사 가운데 내재하시는 분으로 인식하는 것이다. 하

1. 예수의 고별사

나님께서는 초월자이시기에 우리를 구원하실 수 있다. 그런 하나님께서 역사의 구체적 시점에 예수 그리스도를 통해서 이 세상에 오셔서 자신을 계시하시고, 우리의 구원을 이루셨다. 그리고 지금도 계속 우리에게 그 계시와 구원의 효력을 발생하게 하시는 분임을 스스로 천명하신다.

삼위일체론을 이해하려면, 우선 셋이 어떻게 하나가 되는지에 관한 숫자놀음이라는 생각은 떨쳐 버려야 한다. 사람들은 삼위일체론을 그렇게 오해하여 셋이 하나 되는 유비(類比: analogy)를 들어 설명하려 들지만, 이는 삼위일체론적 신론의 진정한 의미를 이해하는 데 별로 도움이 되지 않는다. 예를 들어, 쇳덩이가 오래 달구어지면 거기서 열도 나고 빛도 나서 쇠, 열, 빛이 삼위일체를 이룬다는 것을 유비(類比: analogy)로 써 봤자 삼위일체 하나님을 이해하는 데 아무런 도움이 되지 못한다. 도리어 삼위일체 신론이 말하고자 하는 바, 즉 하나님께서 초월자이시면서 내재하시는 분이기에 우리에게 자신을 스스로 계시하시고 우리를 구원하시는 분이라는 핵심을 간과하게 한다.

또 삼위일체 신론을 제대로 이해하려면, 이것이 헬라 교부들의 존재론적 철학 사유에서 나왔다는 생각을 버려야 한다. 우리가 요한복음에서 보는 바와 같이 삼위일체 신론은 신약성경의 가르침이다(예: 마 28:18-20; 고후 13:14 등). 신약 저자들은 절대 유일신론(신 6:4)의 전통에서 자란 유대인들이었음을 기억해야 한다. 이런 사람들이 헬라 존재론적 사변에 빠져 삼위일체 신론을 만들어 낸 것이 아니다. 그들은 예수 그리스도 안에서 엄청난 하나님의 계시를 체험하였다. 예수 그리스도의 삶과 죽음과 부활에서 초월자 하나님의 계시와 구원을 체험한 그들은, 이 내재의 역사 속에서 스스로를 계시하시고 우리의 구원을 이루신 초월자 하나님을 그려내는 언어를 신약성경에 남겨 놓았다. 예수라는 역사적 인물에게서(또는 그를 통하여) 그들은 한 분이신 초월자 하나님의 임재를 체험하였고, 성령의 역사하심에서 초월자 하나님의 지속적인 임재와 역사하심을 체험하였다. 이 계시의 체험들을 적어 놓은 것이 바로 신약성경에 나타난 하나님 아버지와 그리스도와 성령에 관한 말씀들이고, 이들을 정리해 보면 삼위일체 신론이 이루어지는 것이다.

태어날 때부터 하나님은 오로지 한 분이시라는 절대 유일신론(신 6:4)을 신앙 고백 하며 자란 유대인인 바울, 마태, 요한이 예수 그리스도 안에서 이루어진 하나님의 계시와 구원을 체험하고 깨달아서, 초월하시면서 동시에 내재하시는 하나님을 인간적 사고로 인식하고 표현할 때는 아버지, 아들, 성령 그리고 보내심과 보냄받음 등의 구약 숙어들을 동원하여 나타낼 수밖에 없었던 것이다. 그래서 요한복음은, 아들은 아버지에게서 보냄받아 보내신 아버지의 가르침을 가르치고 그의 뜻을 행하며, 아버지로부터 성령을 보내서 성령이 아들의 가르침을 기억나게 하고 터득하게 한다고 하였다. 즉 성령은 아들 안에 이루어진 하나님 아버지의 계시를 계시한다.

이와 같은 **삼위일체** 신론이 중요한 이유는, 하나님이 초월하시면서 동시에 내재해야 비로소 구원이 가능하기 때문이다. 하나님이 초월자라는 말은 우리를 구원할 수 있는 전능자란 말이다. 하나님은 이 우주보다 더 크시고 우주 밖에서 계시는 분이어야만 고장난 이 우주를 고칠 수 있고 병든 인류를 구원할 수 있다. 그런데 우리를 구원할 수 있는 이 초월자 하나님이 단지 하늘 위에 앉아 계신다면, 여기 우리에게는 아무 소용이 없다. 죽음의 노예인 우리에게는 아무런 도움이 되지 못하는 것이다. 초월자 하나님이 이 땅에 와서 우리에게 구원의 손길을 내미셔야 비로소 우리에게 구원이 실제로 일어난다. 다시 말하자면, 초월자 하나님이 이 세상에, 우리 가운데 내재하셔야 한다. 그런데 하나님이 초월자로 서의 모습을 그대로 가지고 내재하셔야지, 내재하시기 위해서 그의 초월을 포기하시면 또 우리를 구원하실 수 없다. 초월자로서 오셔서 동시에 우리 안에 내재하셔야 한다. 그래야 비로소 구원이 일어난다. 하나님이 초월하시며 동시에 내재하시는 분이 아니면 우리를 구원하실 수 없다. 초대 그리스도인들, 신약의 저자들은 예수 그리스도의 사건과 성령의 역사하심에서 바로 이렇게 초월하시며 내재하시는 하나님을 체험하였다. 그래서 그들은 초월자(전능하신 창조주) 하나님이 예수 그리스도 안에 내재하시며 스스로를 계시하시고 우리의 구원을 이루고는, 계속 자신의 영(성령)을 통하여 이 세상에서 내재하시며 우리에게 그 계시와 구원이 효력을 발생하게 하신다는 진리를 터득하였다. 이리하여 절대 유일신론을 신앙 고백 하며 자란 바울, 마태, 요한 등 유대 그리스도인들이 하나님에 대한 혁명적인 새 인식을 갖게 되었고 그 인식을 너무나 자연스럽게, 그러나 유대교의 맥락에서 보면 너무나 충격적인 삼위일체론으로 표현하게 된 것이다.

사실 구약과 유대교의 전승사를 보면, 유대인들도 하늘과 땅을 지으시고 역사를 주관하시고 인류를 구원하시는 하나님은 초월하시며 내재하시는 분이라는 인식을 점점 더 뚜렷이 갖게 되어, 하나님과 그의 사자, 곧 그의 천사, 말씀, 지혜, 영 등 이위(二位)일체론적 언어를 쓰기 시작하면서 삼위일체 신론의 인식으로 나아가고 있었음을 알게 된다. 그러나 이위일체론적 신론(Binitarianism)은 삼위일체론적 신론(Trinitarianism)만큼 하나님의 초월과 내재를 완벽히 천명하지 못한다. 이와 같은 전승사적 맥락에서 보면, 신약의 삼위일체론적 신론은 구약의 창조주/구속주 하나님에 대한 점진적 계시의 완성이다. 신약의 그리스도와 성령을 통한 삼위일체론적 하나님의 완전한 계시의 빛에 비추어 구약을 보면, 우리는 구약에서도 희미하게나마 같은 하나님이 삼위일체로 존재하시며 역사하신 것을 증거하고 있음을 발견하게 된다.

하나님은 초월하시며 동시에 내재하시는 분이라는 것을 말하는 삼위일체 신론은, '하나님이 어떻게 초월을 유지하는 가운데 그의 영을 통하여 예수 그리스도 안에 내주하심으로써 이 세상에 내재하셨는가', '그리스도는 부활과 승천 후 하나님 아버지와 어떤 관계에 있기에 한 분 하나님이 아버지와 아들로 개체화되어 인식되는가', '하나님이 어떻게 그의 초월을 유지하는 가운데 그의 영을 통하여 지금 교회 안에 그리고 이 세상 안에 내주하시는가', '하나님의 "우편"에 높임받아 하나님 아버지의 주권을 대행하는 그리스도, 곧 하나님의 아들과 그의 주권을 땅 위에서 대행하는 성령은 서로 어떤 방식으로 존재하기에 성령을 아버지의 영이라고도 하고 아들의 영이라고도 하며, 어떻게 한 분이신 하나님을 아버지, 아들, 그리고 성령으로 개체화하여 인식하는가' …등의 문제를 제기한다.

신학자들은 지난 2000년 간 이런 문제들을 설명해 보려고 노력하였다. 그러나 삼위일체 신론이 말하고자 하고 계시하고자 하는 바인, '하늘과 땅을 지으시고 우리를 구원하시는 한 분 하나님, 그 **초월자**가 초월을 유지하는 가운데 예수 그리스도 안에 **성육신**하여 스스로를 계시하고 우리의 구원을 이루었으며, 지금도 계속 **그의 영**을 통하여 이 세상에 계시면서 그리스도 안에서의 계시와 구원이 효력을 발생하게 하신다' 하는 진리에 만족하지 않고, 그 진리의 함축 의미들을 위에서 언급한 질문들로 표현하여 물으면, 우리 인간의 제한된 인식 능력과 언어로는 더 이상 깨닫거나 표현할 수 없게 된다. 우리는 하나님께서 초월자(전능자)

이 시기에 초월하시며 동시에 내재하실 수도 있는 분임을 이해할 수는 있다. 그러나 더 나아가 어떻게 그렇게 할 수 있는가, 또는 그의 내재의 형태(아들, 그리스도)가 초월자로서 존재하시는 그의 자아(아버지)와 어떤 관계 속에서, 이를테면 한 분이면서 동시에 두 개체로 어떻게 존재하는가 등의 질문은 인간의 한계성 속에서는 이해할 수 없는 것이다. 초월자 하나님의 삼위일체적 존재 양식은, 성경적 신론의 본질에 속하는 진리이다. 그러나 이것은 매우 초월자적인 것이므로 이 내재의 제한성 속에 사는 우리 인간에게는 우리의 제한된 이성으로 다 터득할 수 없는 신비다. 우리에게는 이것이 퍽 다행스러운 일이다. 거꾸로 생각해 보라. 만약 우리 하나님이 우리 인간의 이성으로 다 터득될 수 있는 분이면, 그는 초월자이기는커녕 우리 인간보다 더 작은 존재일 것이다. 그런 신은 우리를 구원할 수가 없다. 신은 우리보다 크신 초월자, 전능자, 완전자여야 제한성 또는 불완전성 속에서 죽어 가는 인류와 이 세상을 구원할 수 있다. 그러므로 진정한 신은 인간의 이성 안에 담기는 분이 아니라 그 이성으로 다 터득할 수 없는 초월자이어야 한다. 신이 초월자이기에 인간의 이성으로 신을 다 터득할 수 없다는 말은, 우리가 그분이 스스로 계시한 만큼은 알지만 그 이상은 신비로 남는다는 말이다. 하나님이 삼위일체로 존재하시며 역사하시기에 그의 아들인 예수 그리스도와 그의 영인 성령을 통하여 자신의 초월을 유지하시며 동시에 내재하셔서 우리에게 자신을 계시하시고 우리의 구원을 이루셨다는 진리만큼은, 하나님이 그의 아들 예수 그리스도와 그의 영인 성령을 통하여 우리에게 계시하셨다. 그렇기 때문에 우리는 하나님을 그만큼 인식하게 되었고, 하나님이 그런 분이시기에 우리는 하나님에 대한 참 지식도 가능하고 구원도 가능함을 알고 감사하게 되었다. 그러나 그 계시가 한 분 하나님이 어떻게 아버지, 아들, 그리고 성령으로 개별화되어 존재하시는가, 거꾸로 말하자면 어떻게 아버지, 아들, 그리고 성령이 한 분 하나님인가 하는 것까지는 담고 있지 않다. 그러므로 그런 문제는 우리에게 계속 하나님의 신비로 남는다. 사도 바울의 언어로 말하자면(고전 13:12), 지금 우리의 인식 능력은 아주 제한된 것이어서 우리는 하나님을 마치 표면이 울퉁불퉁한 옛 구리 거울에 비추어 보듯 부분적이고 알쏭달쏭하게 볼 수밖에 없다. 그리스도의 재림 때 우리의 구원이 완성되어서야 우리는 하나님을 '얼굴과 얼굴을 맞대고' 바라보고 하나님을 온전히 인식하게 된다.

신학자들이 하나님의 삼위일체적 존재 방식에 관해 좀 더 설득력 있는 설명을 하려고 여러 가지 개념들(예: 한 존재와 세 인격들 또는 얼굴들)과 유비들(類比: analogy)을 동원하는 일이 완전히 헛된 일은 아니다. 그러나 그런 설명에 동원된 개념들과 유비들은 신학적 훈련이 부족한 사람들에게, 삼위일체 신론이 나타내는 진리 자체는 망각하고, 인간이 도저히 이해 못할 신비로 남을 수밖에 없는 '셋이 어떻게 하나인가' 하는 숫자놀음에 관심을 쏟게 하는 경향이 있다. 그리하여 성경적 삼위일체 신론의 신리에 대한 감격과 감사보다는 그것에 대한 혼돈과 당황함이 성도들 간에 더 많이 퍼져 있게 된다.

안타깝게도 신학 역사에서는 삼위일체론 신론을 '셋이 어떻게 하나인가' 하는 숫자놀음으로 전락시켜, '삼신론' 적 이단이 나오기도 하고 '경륜적 삼위일체론' 의 이단이 나오기도 하였다. 아버지와 아들과 성령을 세 분의 독립적 신들로 보고 이 세 인격체를 한 분 하나님의 존재 방식으로 보지 않는 삼신론은, 물론 하나님은 한 분이시라는 성경의 가장 기본 진리에도 어긋나지만, 이 한 분 하나님의 **초월**과 **내재**를 동시에 천명하려는 삼위일체 신론의 근본 의미를 저버린 것이다. 한 분 하나님의 초월과 내재를 동시에 천명하려는 삼위일체론적 신론의 근본 의미를 저버리기는 경륜적 삼위일체론(the economical doctrine of the Trinity)도 마찬가지다. 시대마다 다른 하나님의 경륜에 따라 하나님이 세 가지 다른 모습으로 존재하며 역사한다고 보고, 하나님이 구약 시대에는 아버지로, 예수 그리스도 안에서는 성육신 되어 아들로, 그리고 교회 시대에는 성령으로 존재하며 역사한다고 설명하는 것을 경륜적 삼위일체론이라고 한다. 신학적 이해가 깊지 못한 많은 사람들 간에 인기 있는 이론이다. 심지어 목사들 중에도 많은 이가 이렇게 설명한다고 들었다. 그러나 이 이론대로라면, 구약에서 하나님이 아버지, 즉 초월자로만 계셨다면 그의 내재가 없었는가? 하나님이 예수 그리스도 안에서 성육신 하여 내재하시기만 했으면 그의 초월은 포기되었고, 또 오로지 갈릴리에만 계신 것인가? 지금 교회 안에 성령으로만 계시면 역시 더 이상 초월자가 없고 내재하시는 하나님만 계신 것인가? 이 경륜적 삼위일체론은 초월하신 하나님의 내재하심을 동시에 천명하려는 삼위일체론의 원래 의도를 완전히 파괴하는 이단적 설명이다. 삼위일체 신론의 진정한 의미는 '셋이 어떻게 하나가 되는가' 하는 수수께끼를 설명하여 얻는 것이 아니다.

비교 신론

삼위일체 신론의 소중함을 이해하기 위해서는 이른바 다른 고등 종교들의 신론과 비교해 볼 필요가 있다. 첫째는 범신론(Pantheism)이다. 인도 계열의 종교들, 즉 힌두교와 개역 힌두교라 볼 수 있는 불교의 신론이다. 범신론은 신의 내재만 천명하고 초월은 천명하지 않는다. 한

마디로 온 우주를 신이라고 보는 것이다. 그러므로 신을 우주보다 큰, 우주 밖에 있는 초월자로 생각하지 않는다. 좀 더 부연하면, 범신론은 일원론(monism)으로서 온 우주의 본질(Brahman)이 신이라고 보고, 이 신 또는 본질이 바로 인간이 육감으로 인식하는 세계에 다양하게 투영된다고 본다. 불교 언어로 말하면 삼라만상이다. 본질이 다양한 현상들로 나타난다. 본질이 다양하게 투영되어서 사람, 소, 산, 나무, 물, 건물, 전기 등 모든 현상이 된다는 것이다. 그러므로 현상들은 신의 그림자이다. 따라서 현상들은 본질이 아니고 환상(illusion)이다. 이런 점에서는 앞에서 우리가 살펴본 플라톤적 체계와 같다. 그리스 철학과 인도 철학은 그 기본 구조에서 유사하다. 1장에서 언급했듯이, 이는 고대 인도 언어인 산스크리트어와 헬라어가 연관 있는 것과 마찬가지다. 둘 다 아리안 족속의 언어와 사상에 속하기 때문이다.

이 인도 철학/종교의 범신론은 보통 수레바퀴로 표현하는 세계관을 낳는다. 수레바퀴의 기하학적인 축은 돌지 않는데, 이것을 우주의 본질이며 변화가 없는 신, 즉 영원을 나타내는 것으로 본다. 수레바퀴의 바깥 바퀴는 돌고 도는 것인데, 이것을 신의 투영으로 일어나는 현상(환상)의 세계에 대한 그림으로 본다. 현상(환상)의 세계는 수레바퀴의 바깥 바퀴와 같이 돌고 도는 세계이다. 즉 변화의 세계, 시간의 세계이다. 따라서 이 현상 세계에는 나고 늙고 병들고 죽는 사고(四苦)가 있고, 다시 이것이 반복하는 윤회(輪回)가 영원히 지속된다. 이런 범신론 세계관에서는 영겁의 윤회를 끊는 것이 구원이다. 이는 자아가 변화가 있는 시간성의 현(환)상 세계에서, 변화가 없는 영원의 본질 세계로 들어가는 것이다. 곧 사고(四苦)와 영겁의 윤회를 끊는 것이다. 그것을 열반이라 한다. 열반은 현상으로서 존재하는 자아가 현상 세계를 벗어나 우주의 본질인 신과 합일하는 것이다. 그 신의 투영 상태를 종식함으로써 시간과 변화의 세계에서 탈피하는 것이다. 이것을 수레바퀴의 그림으로 말하자면, 그 바퀴의 기하학적 축으로 몰입하여 변화가 없는(그러므로 사고와 윤회가 없는) 영원 상태에 들어가는 것이다. 그러므로 열반은 현상으로서의 자아가 없어지는 것이다. 그래서 불교는 열반을 무아, 몰아, 입적 등으로 표현한다.

이런 범신론적 세계관(또는 인생관)과 구원론에서 중요한 문제는, 그럼 누가, 그리고 어떻게 그 열반을 가능하게 하는가이다. 이 종교 체계는 기본적으로 신의 초월을 부인하는 즉 나 또는 우주 밖에, 나 또는 우주보다 큰 분으로 존재하는 신을 부인하는 범신론적 체계이므로 나 자신을 도와서 그것을 가능하게 하는 자가 있을 수 없다. 그러므로 나의 구원은 내가 이루어야 한다. 내가 내 힘으로 나의 열반을 이루어야 한다. 그러므로 범신론 종교의 구원론은 자력 구원론(自力 救援論)이다. 힌두교나 불교는 깨달음(覺), 즉 지식을 구원(열반)의 수단으로 본다. 그래서 힌두교 최고 경전은 지식이란 뜻을 가진 "베다"(Veda: 그리스어 oida와 같은 말)이다. 지식이란 현상 세계가 모두 본질적인 것이 아니라 본질의 환상으로서 가짜라는 것을 깨달음이다. 그리하여 현상 세계에 어떤 가치가 없음을 알고, 그 세계 모든 것에 매력을 느끼는 것을 저지함으로써, 말하자면 그것들과 연(緣)을 끊음으로써, 이 환상(가짜) 세계에서 자유로워지는 것이다. 영혼이 지식을 통해서 이 현상/시간 세계를 탈피하여 이데아/영원 세계로 귀환한다는 플라톤 철학과 아주 유사한 구원론이다. 이런 종교의 자력 구원론 체계는 근본적으로 인본주의(Humanism)여서, 신이 범신론적으로 설정되어도 사실 인간에게 아무 소용 없는 신이다. 신이 내 밖에서 나보다 큰 힘을 가지고 나를 도우러 오는 신이 아니기 때문이다. 오로지 내가 나를 구원해야 한다. 이런 종교의 자력 구원론 체계에서 근본 문제는, 이 환상(가짜) 세계의 한 개체인 내가 어떻게 스스로 지식을 얻어 이 환상(가짜) 세계를 탈피할 수 있는가 하는 것이다. 다른 말로 하면, 나의 유한성 때문에 발생하는 내 고난들(죽음)을 내가 유한한 자원으로 해결할 수 있는가 하는 것이다. 이것은 논리적 모순이 아닌가?

범신론에 정반대되는 신론을 '이신론(理神論; Deism)'이라고 한다. 이슬람교 신론이 대표적이다. 이신론은 신의 초월을 너무 강조해서 내재를 부인한다. 신이 너무 거룩하고 위대해서 피조 세계에 오지 않는다. 그래서 이신론을 가리켜 부재(不在) 신론이라고도 한다. 그러므로 이신론을 '離神論'이라 쓰는 것이 더 옳은지도 모르겠다. 이신론은, 초월자 신이 세상을 정교하게 만들고는 그것에 이치와 섭리를 넣어서 세상이 스스로 굴러가는 것으로 이해하는 세계관을 낳는다. 마치 시계공이 시계를 정밀하게 만들어서 태엽을 잔뜩 감아 스스로 굴러가도록 한 것과 같은 식으로 이해하는 것이다. 그래서 이 신론에 따르면, 이 세상은 신이 창조할 때 정해 놓은 이치대로 굴러가게 된다. 신은 있지만 이 세상 밖에 있으면서 이 세상에 개입하지 않는다는 것이다. 이런 신론을 가진 종교의 신봉자들은 보통 완전한 숙명주의에 빠지게 된다. 그래서 이슬람교도는 말끝마다 '인샬라(알라의 뜻대로)'를 외치는 숙명주의자들이다. 그러나 아무리 인샬라를 외쳐도 숙명주의는 그들에게 소망을 주지 않으므로 구원론이 필요하다. 그들의 신론에 따르자면, 초월자이기에 인간을 구원할 수 있는 전능한 신이 존재하지만, 너무 거룩하여 저 하늘 꼭대기에 고고히 앉아 있다. 그러면서 이 세상에 나를 구원하러 오지 않아서, 내가 나의 노력으로 그를 찾아가야 하는 것이다. 이슬람교에 따르면, 인간은 코란의 계율들을 지킴으로써, 특히 자선을 많이 베풂으로써 구원을 얻는다고 한다. 그러므로 이신론 종교는 범신론 종교와 마찬가지로 결국 인간이 스스로를 구원하는 자력 구원론이다.

범신론은 신의 초월을 부인하므로 우리를 구원할 수 있는 신이 없고, 반면에 이신론은 우리를 구원할 수 있는 초월자 신을 설정하기는 하나 그 신의 내재를 부인해서, 우리를 실제로 구원하러 오지 않기 때문에, 결국 둘 다 우리 구원에 실제로 아무런 도움이 되지 못하는 신이다. 그런 신들은 인간에게 사실상 아무 소용이 없어서 인간은 스스로 자신을 구원할 수밖에 없다. 그러므로 그런 신론들을 가진 종교들은 궁극적으로 인본주의에 불과하다. 기독교 이외의 모든 종교는 근본적으로 자력 구원론을 가르친다. 그들은 지식과 선행을 구원의 수단으로 본다. 지식과 선행 가운데 어느 쪽을 더 강조하는가에 따라서 조금씩 종교의 색깔이 달라진다. 그러나 모두 인간이 지식을 얻고 선행을 베풀어 스스로를 구원해야 한다. 현대 세속주의적 인본주의도 마찬가지이다. 한편으로는 인간이 지식을 쌓고 그것을 기술로 응용하며, 다른 한편으로는 인간의 선한 의지를 잘 도야하여 선행을 도모함으로써 인간의 모든 문제를 해결할 수 있다고 생각한다. 그러나 인간이 정말 자신을 스스로 구원할 수 있는가? 현대 인본주의 문명이 과연 그 가능성을 보여 주는가? 인간의 문명이라는 것은 기껏해야 삶을 확대하면서 동시에 죽음을 확대하는 변증법적인 것임을 우리는 앞서 살펴보았다. 이것은 결코 인간을 죽음의 굴레에서 해방시키지 못한다. 범신론이나 이신론을 가진 종교 신봉자들이 사실상 인본주의라는 것에 대해서 우리는 묻지 않을 수 없다. 인간의 유한성 때문에 발생하는 고난들(죽음)을 인간이 스스로 지닌 유한한 자원으로 해결할 수가 있는가? 이는 논리적 모순으로서, 불가능한 것이 아닌가?

　그러므로 진실로 인간에게 참 구원이 있으려면, 초월해서 인류를 구원할 수 있는 분이자 동시에 인간에게 와서 구원의 손길을 내미는 신이어야 한다. 즉 초월하며 동시에 내재하는 신이 있어야 한다. 초대 교회의 그리스도인들은 예수 그리스도 안에서 바로 그런 신이 계시되었음을 체험했고, 신약성경 저자들은 성령을 통해 그리스도 안에서 이루어진 그 신의 계시를 적어 놓았다. 그래서 우리는 신이, 바로 하나님이 삼위일체론적으로 존재하시며 역사하심을 알게 된 것이다. 유대교식 신론은 완전한 삼위일체론적 양상을 갖추지 못했었다. 그런데 그리스도 안에서 하나님이 완전히 계시되어서, 하나님이 완전히 초월하시고 완전히 내재하시는 분으로 인식된 것이다. 만약 초월자 하나님이 없으면, 우리는 우리의 제한성 때문에 발생하는 우리의 죽음 문제를 우리의 제한된 힘으로 해결할 수 없는데도 해결해 보려 발버둥치는 처절한 상황에 놓이게 된다. 한편, 초월자 하나님이 계시다 해도 이 세상에 오시지 않고 혼자 하늘 꼭대기에 고고히 앉아 계시기만 했다면, 우리는 제한된 우리의 이성으로 하나님을 알 수가 없었을 것이고, 우리도 우리 힘으로 자신을 스스로 구원하려는 불가능한 일을 헛되이 하고 있었을 것이다. 이런 처절한 상황에 놓인 인류에게 예수 그리스도는 복음(기쁜 소식)이다. 그리스도가 나타내는 복음은, 초월자이시기에 우리를 구원할 수 있는 창조주 하나님이 우리를 위해 그리스도 안에 오셔서 스스로를 계시하시고 우리의 구원을 이루시고 계속 그의 영을 통하여 우리로 하여금 그 계시와 구원의 덕을 입게 하신다는 것이다. 여기에 인류의 소망이 있다. 하나님은 초월하시며 내재하시는 분으로서, 초월자로서 그리스도와 성령을 통해 내재하시기에 우리는 그 하나님을 알 수도 있고 그의 구원을 덕 입을 수도 있다.

　이와 같이 삼위일체 신론은 기독교 핵심 진리요 그 반석이다. 우리가 하나님이 삼위일체로 존재하시고 역사하신다는 사실을 망각하면 우리는 하나님의 계시도, 구원도, 은혜도 논할 수 없다. 이렇게 삼위일체 신론은 모든 기독교 교리의 궁극적인 정박처이다. 이 신약성경의 가르침의 진리됨과 소중함은 앞서 본 바와 같이 다른 종교들의 신론과 비교해 보니 더욱 환히 드러나는 것이다. 그러므로 우리의 삼위일체론적 신론은 다른 종교 신봉자들(특히 이슬람 교도들과 유대 교도들) 앞에서 우리를 당황하게 하는 교리가 아니라, 도리어 우리로 하여금 그들에게 기독교 복음을 더욱 효과적으로 변증할 수 있도록 하는 가장 막강한 무기이다. 우리는 다른 종교 신봉자들에게 그들의 종교가 삼위일체 신론을 갖고 있지 않고 범신론이나 이신론을 가지고 있기에 그들이 진정한 신을 모르고 스스로 구원하려는 불가능한 노력을 하고 있음을 지적하고, 삼위일체론적인 우리 하나님의 구원의 은혜를 덕 입도록 권해야 한다.

2

예수의 기도

(17장)

고별사 끝에 예수께서는 하나님 아버지께 기도를 드린다. 기도 주제들은 다음과 같다. 첫째, 예수 자신이 십자가에 달려 들려 올려져 하나님의 영광을 드러내고 스스로도 영광 받을 때가 당도했으므로 그 일을 일으켜 주시라는 것이다(요 17:1-5). 둘째, 예수 자신이 하나님 아버지로부터 받은 말씀을 가르쳐 새롭게 창조한 하나님의 백성을 이 세상에 두고 아버지께로 귀환하니, 아버지께서 이 적대하는 세상에 남아 있는 그의 백성을 잘 보전해 주시라는 것이다. 특히 그들이 하나 되고 거룩하도록 보전해 주시라는 것이다(요 17:6-19). 셋째, 예수께서 창조한 하나님의 백성과 이들의 증거로 그리스도를 믿어 하나님의 백성 됨에 참여하게 될 사람들이, 아버지와 아들이 하나 됨같이 모두 하나 되어서 세상에 대해서 그리스도를 증거하는 계기가 되게 해 주시라는 것과 그들로 하여금 종국에는 그리스도와 함께 하나님의 영광에 참여하게 해 주시라는 것이다(요 17:20-26).

예수께서 이 기도에서 교회의 하나 됨을 강조하고 요청했다는 것은 갈갈이 찢긴 오늘의 교회, 특히 한국 교회에 엄청난 도전을 주고 있다.

③
예수의 수난과 부활:
아버지께로 돌아감
(18-20장)

요한 복음 18-20장은 그리스도의 재판과 십자가 죽음과 부활을 그린 장들이다. 우리는 요한이 그리스도의 십자가 죽음을 예수의 수난으로 보지 않고 영광으로 본다는 것과, 이것이 바로 요한 신학의 특이함과 깊이를 보여 주는 한 면이라는 것을 이미 살폈다.

18-19장에 나오는 예수의 수난사는 역설(irony)로 가득 차고 매우 극적으로 서술되어 있다. 예수께서 산헤드린에서 재판을 받고 빌라도에게 넘겨지는 과정을 그렸는데, 여기에서 제자들의 반응, 특히 베드로의 반응이 예수님과 대조를 이루면서 극적으로 그려진다.

1) 예수의 체포(18:1-11)

기드론 계곡에 있는 동산에 군대와 제사장들과 바리새인들(아마 산헤드린)이 보낸 체포대가 유다를 앞잡이로 하여 예수를 체포하러 왔다. 요한은 이 체포 과정도 예수께서 **주도**하신 것으로 강조하여 그렸다. 예수께서는 자신에게 다가오는 체포대에게 "누구를 찾느냐?"고 묻고, 그들이 "나사렛 예수"라 하자, "내가 이다[내로라](ἐγώ εἰμι : I am)"라고 답했다(18:6). 요한은 예수가 '내가 이다'라고 답하자, 그 병졸들이 물러가 엎드렸음을 강조하고는(요 18:7), 또 한 번 예수가 '내가 이다'라고 말했음을 적고 있다(요 18:8). 이렇게 '내가 이다'라는 예수의 대답을 세 번이나 되풀이하고, 그 대답에 병졸들이 물러가 엎드려졌음을 강조함으로써, 요한은 우리에게 '내가 이다(ἐγώ εἰμι : I am)'라는 말의 이중 의미를 터득하게 한다. 우선, 이 장면에서는 예수께서 '내가 바로 너희가 찾는 예수이다'하고 인정하는 것이지만, 더 깊이, 예수께서 하나님의 이름을 가진 분으로 스스로를 나타냈음을 보여 주는 것이다. 하나님의 이름을 가진 분의 나타남, 즉 신의 나타남(theophany)에 대한 인간들의 반응은 땅에 엎드리는 것이다.

이 체포 기사에서 요한은 예수께서 제자들을 보호하기 위해 순순히 체포당함을 강조한다(요 18:8-9). 이 사건은 예수께서 요한복음 17:12에서 하신 기도, 즉 아버지께서 자기에게 주신 자들을 다 지켜 멸망의 자식 유다만 빼고 하나도 잃지 않았다고 하신 기도를 가리키는 것으로서, 그리스도가 하나님의 새 백성을 영원까지 지킴을 의미하는 일종의 표적적인 사건이다. 예수께서는 요한복음 6:37-40에서 자신이 '생명의 떡'이라는 사실을 받아들인 소수의 제사들을 보시고 "아버지께서 내게 주신 자들을 하나도 잃어버리지 않고 종말에 부활시키겠다"고 약속했다. 또 요한복음 10:27-28에서는 선한 목자이신 예수께서 "양들을 하나도 잃지 않으시겠다"고 했고, 요한복음 10:15에서는 자신이 "양들을 위해 목숨을 내어놓은 선한 목자"라고 말씀하셨다. 이런 구절들은 예수께서 하나님의 아들로서 양들을 지키고 그들에게 생명을 주시기 위해 스스로 사탄의 세력과 대결하여 십자가에 달림을 의미한다. 이 뜻은 아버지께서 예수에게 마시도록 주신 잔에 대한 언급으로 더욱 분명해진다(요 18:11). 십자가는 예수께서 세상에 대해 패한 것을 나타내는 것 같지만, 사실은 예수께서 그의 제자들의 구원을 확보하고 지키는 행위로서 그의 **승리**를 나타낸다. 체포 기사에서 요한은 이 진리를 나타내는 것이다.

예수는 이렇게 주도권을 가지고 자신의 체포에 응하며 자신의 죽음을 통하여 제자들을 보호하려 하는데, 베드로는 무력으로 체포대와 대항하여 예수를 보호하려는 만용을 부린다. 여기에서 예수와 베드로의 첫 대조가 이루어진다.

2) 대제사장의 재판(18:12-27)

동산에서 체포된 예수는 전임 대제사장이요 현 대제사장의 장인인 안나스의 집으로 호송된다(요 18:12-14). 예수가 대제사장에게 재판받는 중, 베드로는 제사장 집 마당에서 예수의 제자임을 부인하면서 병졸들과 함께 불을 쬐고 있다(요 18:15-18). 예수와 베드로의 두 번째 대조이다.

안나스는 예수의 제자들과 그의 가르침에 대해서 심문하였는데, 혹시 예수가 제2 출애굽이나 다윗 왕조 재건 같은 민족 해방을 가져오는 메시아로 자신을 가르치며 추종 세력을 모으지 않았나 의심해서였다. 예수께서는 자신이 회당과 성전에서 공개적으로 가르쳤으므로, 그렇게 로마나 유대 당국이 단속할 만한 가르침을 비밀스럽게 가르친 일이 없다고 대답한다. 그때 한 병졸이 예수께서 대제사장에게 불경하게 답한다고 예수를 때린다(요 18:19-24).

　이렇게 두들겨 맞으면서까지 자신을 명백히 밝히는 예수와 대조적으로, 베드로는 그때 여전히 불을 쬐면서 예수의 제자임을 또 부인한다(요 18:25-26). 예수와 베드로의 세 번째 대조이다.

3) 빌라도에게 넘겨짐(18:28-32)

　유대 관리들은 예수를 총독 빌라도에게 고발한다. 빌라도는 처음에는 유대인들이 예수에 대해서 제기하는 문제가 그들간의 종교적 문제라고 생각하여 유대인들의 공회(산헤드린)에서 재판하라고 하며 자신이 재판하려 하지 않는다. 그러나 유대인들은 "우리는 사람을 죽일 권리가 없나이다"(요 18:31) 하고 대답하며 빌라도에게 예수를 재판하여 처형해 달라고 요청한다. 이것은 당시 사형권이 일반적으로 로마 정권에 유보되어 있었고 유대 재판정에는 허락되지 않은 것을 가리키나, 유대인들이 더러 하나님을 욕되게 하거나 백성을 오도하여 재앙을 가져온 거짓 선지자나 메시아를 신명기 13장의 법에 따라 돌로 쳐 죽이는 사형을 집행하기도 하였으므로(예: 스데반의 경우, 행 6-7장), 요한은 그것을 하나의 구실로 보고, 그들이 예수를 군이 빌라도에게 재판받게 하고 처형되게 하려는 진짜 이유를 해설한다. 그것은 예수가 어떤 죽음으로 죽으실 것인지에 대한 자신의 말씀을 성취하기 위해서이다(요 18:32). 대제사장 무리의 산헤드린은 예수가 이미 거짓 메시아로서 많은 백성을 다치게 할 자이므로 죽임을 당해야 한다고 결정하고(요 11:47-53), 그 점에 대해서 심문도 한 터라(요 18:19), 자기들의 율법대로 하면 그들이 예수를 돌로 쳐 죽여야 하는데, 그렇게 하기를 꺼린다. 예수가 메시아라고 주장했다는 것을 '유대인의 왕'이라 주장했다고 정치적으로 해석해서(18:33), 예수를 꼭 빌라도에게 넘겨 주어 로마법에 따라 가이사에 대한 역적으로 재판받게 해서 십자가 죽음을 당하게 하기 위해서이다. 요한은 이것은 예수가 이미 예고한 바라고 하였다. 이것은 요한복음 12:32-33을 가리키는 말이다. "내가 땅에서 들리면 모든 사람을 내게로 이끌겠노라 하시니 이렇게 말씀하심은 자기가 어떠한 죽음으로 죽을 것을 보이심이러라." 예수께서는 자신이 "그 '사람의 아들'"로서 십자가에 달려 들려 올려짐으로 죽게 될 것임을 누차 예고했다(요 3:14; 8:28; 12:32, 34).

왜 유대 산헤드린은 예수께서 투석 처형이 아니라 십자가 처형을 받도록 고집했는가? 그것은 신명기 21:23을 염두에 두고 한 것인데, 당시 유대 신학은 신명기 21:23에 의거해서 십자가 처형을 하나님의 저주를 받은 표징이라고 이해했다. 그래서 예수께서 로마인들에 의해서 십자가 처형을 받도록 하여, 모든 유대인 앞에 예수가 거짓 메시아로서 하나님의 저주를 받은 것으로 낙인찍으려는 것이었다. 그렇게 하여 예수의 추종자들을 신학적 혼돈과 회의 속에 흩어 버리고 예수 운동을 종식시키려고 하였다. 만약 자신들의 신명기 법대로 예수를 처형하면, 예수 운동은 종식되지 않고 도리어 더 활발하게 불붙을 위험이 있음을 유대 지도자들은 두려워하였다. 당시 유대인들 간에는 '의인은 항상 고난받고, 참 선지자는 순교당한다'는 사상이 막강한 영향을 미치고 있었다. 그러므로 당시 인기 없던 대제사장 무리가 참 선지자로, 메시아로 많은 민중에게 추앙받는 예수를 투석 처형했다가는 민중의 마음속에 예수가 순교한 참 선지자로 확인되어 예수 운동이 도리어 더 활활 타오를 것이었다. 헤롯에게 처형당한 세례 요한의 운동이 종식되지 않고 오래 오래 지속되었듯이 말이다. 산헤드린은 이것을 막고자 하였다. 그래서 그들은 예수가 로마의 십자가 처형을 당하게 함으로써 하나님의 저주를 받고 죽은 자라고 만천하에 공포하여 예수 운동을 단숨에 효과적으로 종식시키려 하였다.

앞서 살펴 본 바와 같이(앞의 요한복음 11:47-53에 대한 강해를 보라), 하나님은 유대 지도자들의 이와 같은 하나님의 아들(그러므로 결국 그를 보내신 하나님 아버지)에 대한 반역 행위를 도리어 이용하여 우리의 구원을 이루셨다. 하나님께서는 십자가에 달려 하나님의 저주를 받은 예수의 죽음을, 우리 죄를 대신 지고 죽는 대속의 제사가 되게 하시고 새 언약을 세우는 제사가 되게 하셨다. 예수께서 십자가에서 우리 죄에 대한 하나님의 저주를 대신 받으심으로 말미암아, 우리 죄가 용서되고 우리를 하나님의 백성 되게 하셨다. 예수께서는 십자가에 달려 들려 올려짐으로 말미암아 사랑의 하나님을 계시하고, 하나님의 아들로서의 자기 정체를 계시하여 영광(높임) 받고, 우리를 하나님의 속죄된 (의로운) 새 백성으로 만들려고 자신에게 모은 것이다. 하나님께서는 유대인들의 하나님에 대한 불순종, 말하자면 예수에 대한 반역까지도 이용하셔서서 하나님의 구원의 뜻을 성취하는 오묘한 지혜를 보여 주고 계시다.

4) 빌라도의 재판 (18:33-19:16)

유대 산헤드린이 예수께서 자신을 '유대인의 왕' 이라 주장했다는 죄목으로 고소하며 빌라도에게 예수를 재판하도록 강권해서, 결국 빌라도가 재판하게 되었다. 예수가 자신을 메시아라고 주장한 것을 '유대인의 왕'이라 주장했다고 해석한 것은, 당시 유대 신학이 메시아는 곧 다윗 왕조를 재건할 사람이라고 보았기 때문이다. 예수의 주장이 단순히 종교적 의미만 가진 것이 아니라 이렇게 정치적인 의미를 가진 것이라면, 빌라도는 로마의 총독으로서 예수를 로마 황제 가이사에 대한 역적으로 단죄해서 분명히 십자가에 처형해야 했다. 유대 지도자들은 이것을 미리 계산하고 빌라도에게 예수가 자신을 유대인의 왕이라고 주장했다고 고발하였다.

출애굽 한 민족 해방을 기념하고 종말에 그 출애굽 구원이 재현되기를 고대하는 유월절에는, 자신을 메시아 또는 모세와 같은 선지자(신 18:15)라고 주장하는 자들이 자주 나타나 민족 해방 운동을 펼쳤다. AD 30년경 유월절에 유대 지도자들이 예수가 바로 그런 민족 해방을 주장하는 메시아 운동을 한다고 고발하니, 이런 메시아 운동을 진압하는 것이 주요 임무인 총독 빌라도가, 예수를 재판하지 않을 수 없었다. 그래서 빌라도는 예수에게 "네가 왕이냐"고 심문한다. 예수는 "그렇다, 그러나 이 세상에 속한 왕국의 왕이 아니라 진리를 증거하는 왕이다"라고 대답한다(요 18:33-38). 이것은 이 아래 세상의 왕, 즉 다윗 왕조를 재건하는 그런 왕이 아니라, 위 세상의 진짜('진리') 왕권을 행사하는 왕이라는 뜻이다. 다윗 왕조는 위 세상의 하나님 나라(왕권)에 대한 그림자 또는 모조품에 불과하였다. 역사적 다윗 왕조는 실상 하나님 나라의 모조품 또는 그림자 노릇도 제대로 하지 못했다. 그것은 구약 역사가 스스로 기록하고 있지 않는가? 유대 신학에서 메시아 왕국은 그런 역사적 다윗 왕조의 약점들을 극복한 이상적인 왕국으로 그려졌는데, 예수께서는 그것도 결국 위의 하나님 나라의 그림자 또는 모조품에 불과하다고 본 것이다. 예수는 그런 모조품 또는 그림자를 가져오는 메시아가 아니었다. 그런 모조품 또는 그림자 나라의 왕이 아니었다. 그의 왕권은 이 아래 세상에 속한 그림자 같은 것이 아니었다. 오히려 그 그림자가 그려내려 했던 실체('진리')로서의 하나님 나라를 증거하고 가져오는 메시아였다. 그래서 그는 '하나님 나라'를 선포하고 그 하나님 나라의 구원의 힘을 시위하며, 사람들로 하여금 죄를 회개함으로 사탄의 나라에서 벗어나 믿음으로 하나님 나라로 들어오라고 초대한 것이다. 그렇게 예수는 자신을 위의 하나님 나라(왕권)를 '증거'하는 자로, 대행하는 자로 스스로를 나타냈다. 그러므로 예수는 진짜적(실체적: '진리') 하나님 나라의 왕이다.

예수께서 진리에 대해 증거하러 왔다고 하자 빌라도는 묻는다. "진리가 무엇이냐?" 이 물음으로 빌라도는 자신이 진리를 모르는 자이고, 어두움에 속한 자임을 스스로 나타낸다. 진리가 무엇인지 모르고 이 아래 세상의 암흑에 속한 자가, 빛의 세상에서 온 진리 자체인 예수(요 8:12; 14:6)를 심판하는 것이다.

이런 역설은 요한복음 3, 5, 8, 9장에서 빛이신 예수를 깨닫는 자들과 그렇지 않은 자들이 분리되는 장면들에도 계속 나타난다. 예수를 깨닫는 자들은 구원에 이르게 되고 그렇지 않은 자들은 심판에 이르게 된다. 그것은 예수가 심판하러 와서 그런 것이 아니고, 예수를 믿지 않는 자들이 예수의 빛 되심을 거부함으로 스스로 빛에 속하지 않은 자들이라고 자신들의 정체를 드러냄으로써 자신들을 심판하기 때문이다. 이런 의미에서 예수께서는 진리의 왕이며 심판자이다. 그분은 심판을 위해서 온 것이 아니고 구원을 위해서 온 것이지만, 암흑에 속한 자들이 그를

3. 예수의 수난과 부활: 아버지께로 돌아감

거절함으로써 스스로 자신들이 암흑의 자식들이요, 거짓의 자식들이라고 심판하는 것이다. 이것을 가리켜 요한복음 5:27에서 예수는 자신에게 심판 권리가 있다고 말한다. 이렇게 예수에 대한 반응에 따라 사람들은 필연적으로 둘로 나뉜다. 가이사(거짓과 암흑의 왕)의 대신인 빌라도가 진리의 왕인 예수를 심판한다. 이것은 역사적인 역설이었다. 이 역설을 요한은 겨우 한마디로, 그러나 웅변적으로 나타내 주고 있다. 이 역설은 지금도 계속된다. 불신자들의 예수 그리스도에 대한 부정적인 평가에서 계속되고 있다.

뿐만 아니라 세상의 많은 법정에서 벌어지는 일반적인 사건들에 대한 재판에서도 흔히 계속 된다. 그리하여 이 세상이 거짓의 세상임을 증명한다.

빌라도는 예수께서 다윗 왕조를 재건하는 그런 왕으로서 자신을 주장한 것이 아니라는 사실을 알았다. 그래서 빌라도는 예수를 석방하고자 하나, 유대인들은 예수를 십자가에 처형하라고 계속해서 요청한다(요 18:38-19:16). 빌라도와 유대인들이 서로 밀고 당기는 이 과정은 매우 극적으로 그려져 있다. 빌라도는 예수를 채찍질하여 볼품 없이 만든 후, 그에게 가시 면류관을 씌우고 자색 옷을 입혀 왕의 시늉을 내게 하고는 유대인들에게 '보라, 이 사람이로다!' 하고 외친다. 빌라도는 그 정도로 해서 유대인들의 화를 진정시키고 예수를 석방하려 한 것이다. 그러나 유대인들은 이에 아랑곳하지 않고 계속 예수를 십자가 에 못 박으라고 요구한다(요 19:1-6). "보라, 이 사람이로다!"(요 19:5)라는 빌라도의 외침에는, "내가 이만큼 처벌한 이 사람을 보라"는 당장의 의미를 넘어, 예수께서 하나님의 뜻에 완전히 순종하여 남들을 구원하기 위해 자신을 내어 주는, 즉 아담과 반대되는 진정한 '인간'이라는 뜻을 담고 있다는 것을 요한은 암시하고자 한다.

계속 예수를 처형하기를 주저하는 빌라도에게 유대인들은 급기야 "이 사람을 놓아주면 당신은 가이사의 충신이 아닙니다. 누구나 자기를 왕이라 하는 자는 가이사를 반역하는 자입니다"(요 19:12) 하고 외치며 빌라도를 협박한다. "예수가 자신이 메시아라 주장함으로써 스스로 유대인의 왕이라 한 셈인데, 가이사의 명을 받아 유대 땅에 그의 통치를 펴는 사람으로서 당신이 이 예수를 놓아주면 당신은 가이사 황제에 대한 예수의 반역에 동조하는 것이나 다름없는 것이오. 그러면 당신이 십자가에 처형당하게 될 것이오…." 이런 뜻이 있는 협박이었다.

이에 빌라도는 예수가 무죄인 것을 알면서도 자신의 안전을 위해서 그를 처형하기로 작정한다. 이렇게 함으로써 그는 자신이 진리에 속하지 않는 자임을 스스로 드러낸다. 그는 정식 재판석에 앉아서 예수를 재판하고, 자신에게 굴욕적 압력을 가한 유대인들을 모욕하고 앙갚음하기 위해서 가시관을 씌우고 자색 옷을 입힌 예수를 유대인들에게 보이며 "보라, 너희 왕이로다!" 한다(요 19:14). 이때 제사장들은 "가이사 외에는 우리에게 왕이 없나이다"고 외치며, 예수를 십자가에 처형하라고 요구한다(요 19:15).

이것은 **역설**이며, **숙명**적인 선언이다. 시내 언약에 따라 하나님은 유대인의 왕이고, 유대인은 하나님의 백성이다. 그러므로 유대인에게는 하나님 외에 왕이 있을 수 없다. 그런데 지금 유대인들은 자기들 입으로 하나님의 언약 백성들이 아니라고 한다. 즉 가이사가 자신들의 유일한 왕이라고 주장한다. 하나님께서 그들을 위해서 보내신 그들의 메시아이자 하나님의 아들 예수를 배격하고 십자가에 처형시키기 위해서, 유대인들은 자신들이 하나님의 백성이 아니라 가이사의 백성이라고 주장한다. 그들은 이렇게 하나님께서 보내신 하나님의 아들을 적대하며, 사탄의 대표자인 가이사를 왕이라 인정한다. 이리하여 유대인은 하나님과 맺은 시내 언약을 일방적으로 파기한다. 이렇게 해서 옛 시내 언약이 예수의 십자가에서 유대인들의 부인으로 **파기**되고, 그에 따른 하나님의 백성으로서의 이스라엘의 역사는 끝난다.

예수의 십자가 죽음은 새 언약을 세우는 제사이다. 그 새 언약의 제사로 말미암아 하나님의 새 백성이 창조되고 하나님의 새 백성의 역사가 시작된다. 예수를 배척한 유대인들과는 대조적으로 끝까지 예수를 따라 예수의 십자가 밑까지 와서 그를 바라보고 서 있는 여인들과 제자(19:25-27)는 십자가에서 드려진 예수의 새 언약의 제사에 의해 창조되는 하나님의 새 백성을 상징한다. 사악함이 있었던 야곱 자손의 하나님 백성 됨은 이제 예수가 하나님의 아들이요 이스라엘의 왕임을 고백하는 나다나엘 같은 자들로 대치된다(요 1:45-51. 앞의 이 본문 강해 참조). 그러므로 십자가야말로 **옛 시내 언약이 파기되고 새 언약의 역사가 시작**되는 사건이다. 예수의 십자가는 구약의 마침이며 신약의 시작이다.

대제사장을 필두로 유대 지도자들이 빌라도에게 협박까지 해서 예수를 처형하게 하는 시점은 유월절 예비일 제육시다(요 19:14). 그날은 유월절 전날이고, 제육시란 하루 24시간제로 말하자면 정오이다. 유대인들은 이 시점에서 그날 저녁에 먹을 유월절 만찬을 위해서 제사장들의 성전 마당에서 유월절 양을 도살하였다. 요한복음은 세례 요한이 예언한 대로 예수께서 "세상 죄를 지고 가는 하나님의 어린 양"(요 1:29, 36), 곧 유월절 양으로 죽었음을 보여 준다. 요한복음은 유월절 범주와 속죄 제사의 범주를 통합하여 예수께서 유월절 양으로(고전 5:7), 속죄 제사로 유월절에 바쳐졌음을 밝힌다. 이것은 예수께서 자신을 속죄 제사로 바침으로써, 인간의 죄가 용서되고 인간이 하나님과 올바른 관계로 회복되게 함으로써, 첫 유월절 구원이 그림자로서 보여 준 종말의 유월절 구원을 이루었다는 뜻을 드러내기 위함이다. 여기서 역설이 여러 번 중복되어 나온다. 첫 유월절(출애굽) 구원을 기념하고 그 구원의 종말의 재현을 고대하는 의미로 벌이고 있는 유월절 명절에, 정작 유대인들은 예수께서 가져오는 종말의 유월절 구원을 배격한다. 그러나 그들은 예수를 배격하고 죽임으로써, 예수를 유월절 양으로 바쳐 종말의 유월절 구원을 이루시고자 하는 하나님의 구원 계획을 자신들도 모르는 채 이루고 만다. 유월절에 관한 법 등 율법을 지키는 데 철저한(요 18:28) 유대인들은 예수가 율법에 어긋났다고 하여 그를 죽이려고 한다(요 19:7). 그 해 대제사장 가야바가 앞장서 빌라도에게 예수를 죽이게 하였다. 그런데 이것은 그가 알아차리지 못하는 가운데 대제사장이 하나님의 모든 백성을 위해 속죄 제사를 드려야 하는 율법대로 그리스도를, 곧 "세상 죄를 져 없애는 하나님의 어린 양"을 속죄 제사로 바친 것이다(앞의 요 11:47–53 강해 참조). 대제사장과 그의 무리는 율법에 순종한답시고 율법의 완성으로 오신 그리스도를 죽인다. 그들은 물론 이 암흑의 세상에 살면서 이 사실을 알지 못해서 그리스도가 가져온 계시의 빛을 거부하였다. 그러나 그들의 반역을 통하여 도리어 그리스도가 '**율법대로**' 종말의 속죄 제사로 드려져 종말의 구원, 종말의 유월절 구원이 이루어졌고, 그리하여 하나님의 구원 약속을 담은 율법이 진정으로 완성된 것을 더 더욱 몰랐다.

5) 나사렛 예수 유대인의 왕(19:17-22)

진리에 속하지 않은 빌라도는 유대인들의 압력에 못 이겨 예수를 십자가에 못 박아 처형한다. 빌라도는 십자가에 '나사렛 예수 유대인의 왕'이라는 예수의 죄목을 쓴 패를 붙인다. 빌라도는 이 패를 죄목으로 기록했지만, 사실 이것은 하나님께서 예수를 부활시키심으로써 확인할 진리(요 20:28)를 만방에 선포한 것이다. 요한복음적 역설이다. 이스라엘은 예수께서 다윗 왕조를 문자적으로 재건하지 않았다 하여 거짓 메시아라고 죽였지만, 예수는 자신의 대속과 새 언약의 제사를 통하여 하나님의 새 백성을 창조하고 그들 위에 하나님 나라가 이루어지게 하는 참 메시아이고 참 이스라엘 왕이었다. 다윗 왕조가 그림자로 그려내려 했던 실체인 하나님 나라를 가져온 참 메시아적 왕이었다. 예수는 이렇게 십자가에 달려 들려 올려짐으로써 자신의 메시아적 과업을 완성하고 메시아적 왕으로 자신의 정체를 드러낸다. 그러므로 예수께서 십자가에 달려 들려 올려짐은 예수의 수난이라기보다는 예수의 영광(하나님의 아들이요 이스라엘의 왕이라는 정체가 드러남)이다. 이것을 두고 예수는 자기가 다니엘 7장에 예언된 "그 '사람의 아들'"(단 7:13)로서 하나님의 새 백성('지극히 높으신 이의 성도들' 단 7:18, 22, 28)을 창조하기 위해 '들려 올려져야 한다'고 예고했던 것이다(요 3:14; 8:28; 12:32, 34).

빌라도는 "나사렛 예수 유대인의 왕"이라는 패를 온 세상 사람이 다 알아볼 수 있도록 히브리어, 로마어, 헬라어로 쓴다. 하나님 백성의 언어인 히브리어, 로마 제국 언어인 로마어, 문명권 언어인 헬라어로 기록하여 세상의 대표격인 빌라도가 예수를 온 세상 왕으로 선포한 것이다.

여기 또한 요한복음적 역설이 있다. 예수께서 자신의 십자가 죽음을 통해 이루는 하나님 나라의 새 백성은, 히브리어를 쓰는 유대인 중 그를 믿는 자들과 로마어와 헬라어를 쓰는 사람 중 그를 믿는 자들, 즉 세계 만방의 모든 족속 중 그를 믿는 자들로 구성된다는 것을 암시하고 있다. 그들은 예수께서 하나님의 아들이요, 이스라엘의 왕임을 고백하는 나다나엘 같은 자로서, 불신앙의 유대인(야곱의 자손)을 대치하여 하나님의 백성이 된다(요 1:45-51). 그들은 예수께서 예고한 대로 예수가 십자가에 달려 들려 올려짐으로써 모든 민족과 모든 방언에서 예수 자신이 끌어 모으는 자들이다(요 12:32). 예수께서는 이렇게 십자가에 달려 들려 올려짐으로써 하나님의 새 백성('지극히 높으신 이의 성도들')을 창조하여 다니엘 7장에 예언된 그 "사람의 아들"의 역할을 성취하는 것이다.

6) "다 이루었다"(19:28-30)

십자가에 달린 예수께서는 "다 이루었다"고 선언한다. 이것은 첫째, 하나님의 계시 활동을 다 성취하였다는 뜻이다(요17:4). 하나님에게서 보냄받은 자로서 위임받은 일, 즉 하나님을 계시하고 인류에 대한 하나님의 구원을 이루는 것을 예수께서 십자가에서 완성하였다. 십자가에서 죄인들을 위해서 대신 죽음으로 하나님의 본질, 곧 하나님이 사랑이심을 온전히 드러냄으로써 예수는 비로소 하나님에 대한 모든 계시 활동을 완결 지었다. 이것은 구약에 나타난 구원에 관한 하나님의 모든 약속과 예언을 성취한 것이기도 하다. 예수의 죽음이 대속과 새 언약의 제사이므로 예루살렘 성전 체제의 모든 의미와 기능을 다 성취한 것이기도 하다. 알렉산더나 가이사 같은 승리자 또는 정복자가 아니라 십자가 위에서 처절히 죽어 가는 자가 "다 이루었다"고 함은 이 세상 사람들에게는 어리석은 소리이다. 그러나 그 십자가의 죽음이, 다름 아닌 바로 하나님의 본질의 계시요 우리의 구원 사건이라고 믿는 사람들에게는 그것이 오묘한 역설적 진리인 것이다(고전 1:18-2:16 참조).

7) 물과 피와 나옴(19:31-37)

십자가에 달린 예수의 몸에서 물과 피가 나온다. 피는 요한복음 6:52-58에서 예수께서 말한, 우리에게 영생을 주는 자신의 피를 가리킨다. 우리의 죄를 씻어 우리를 의롭게 하고 하나님과 연합하게 하는 그의 속죄 제사를 가리키는 말이다. 그러므로 십자가에 달린 예수의 몸에서 피가 나왔다는 말은 그의 약속대로 예수께서 십자가에서 정말 우리를 위한 속죄 제사로 드려졌다는 것을 말한다. 여기서 물은 요한복음 도처에서 예수께서 언급한 물을 가리킨다. 우리로 하여금 위로부터 다시 나게 하는 힘으로서의 물(요 3:3, 5), 야곱의 우물과는 달리 우리를 영원히 목마르지 않게 하는 영생수(요 4:14), 우리 배에서 흐르는 생수의 강(요 7:38) 등 물은 성령, 하나님의 영, 우리에게 신적 생명(영생)을 주는 성령을 상징한다. 십자가에 달린 예수의 몸에서 물이 나왔다는 말은 예수께서 약속한 대로 그가 십자가에 달려 들림 받음(영광 받음)으로 우리에게 성령이 주어졌다는 말이다(요 7:39; 16:7). 십자가 죽음으로 예수의 영광 받으심과 동시에 물과 피가 나온 것이다. 이는 십자가 죽음이 속죄 제사로서 우리를 하나님께 올바로 연결시킬 뿐만 아니라 하나님의 영인 성령을 받게 한 사건임을 뜻한다.

십자가의 죽음으로 예수께서는 우리를 하나님께 연합시키고 하나님의 영을 받도록 하여 하나님적 생명(영생)을 얻게 하셨다. 예수께서는 자신이 하나님을 계시하고 하나님의 생명을 가져온다는 것을 나타내는 표적들을 행했는데, 그 모든 표적들은 예수의 십자가 죽음으로 완성되고 의미를 갖게 된다.

8) 예수의 묻힘(19:38-41)

아리마대 요셉과 니고데모는 빌라도로부터 예수의 시신을 넘겨 받아 새 무덤에다가 왕에 합당한 상당한 장례를 치렀다.

9) 예수의 부활 (20:1-18)

마지막 20장에는 예수의 부활 기사가 나온다. 유월절이 지난 후, 그 다음 주 첫날 막달라 마리아가 예수의 무덤에 굳게 닫혀 있던 큰돌이 없어지고 무덤이 비어 있는 것을 발견하였다. 마리아가 베드로와 예수로부터 사랑 받은 제자(아마 요한)에게 이 사실을 알려서 베드로와 이 제자가 예수의 무덤에 함께 가서 예수의 시신이 없어지고 무덤이 비어 있는 것을 보게 되었다(요 20:1-10).

이것을 보고 그냥 자기 집으로 돌아가 버린 제자들과는 달리 마리아는 예수의 무덤 앞에서 울고 있었는데, 이 때 부활하신 예수께서 나타났다. 부활하신 예수께서는 마리아에게 제자들한테 가서 자신이 하나님 아버지께 올라가는 중에 있다고 알리라고 말했다(요 20:11-18). 요한복음은 예수의 십자가에 달려 죽음을 '높임 받음' 또는 아버지께로 '돌아감'으로 보기 때문에 예수의 부활도 그 아버지께로 '높임 받음' / '돌아감'의 과정으로 보고, 부활한 상태의 예수를 아버지께로 올라가는 중에 있는 것으로 그린다.

요한을 비롯한 모든 복음서는 마리아(또는 그와 함께 한 다른 여자들)를 예수의 부활 첫 증인으로 기록한다. 이것은 여자는 증인이 될 수 없다는 구약과 유대교법에 비추어 볼 때 매우 놀라운 일이다. 이것은 복음서 저자들이 예수의 부활에 대해 그리고 마리아를 위시한 여자들의 증언에 대해 확신이 있어서 유대법이나 관행을 아랑곳하지 않고 사실대로 기록했음을 보여 준다. 또 다른 한편, 부활하신 예수께서 여자를 자신의 부활 첫 증인으로 삼았다는 사실은, 구약과 유대교와는 달리 여자가 남자의 동일한 자격으로 예수를 증언하고 그리스도의 부활의 기쁜 소식('복음')을 선포할 수 있음을 보여 준다.

10) 부활하신 주가 제자들을 파송함(20:19-22)

그날 밤에 부활한 예수께서 제자들에게 나타났다. 예수의 죽음으로 문을 걸어 잠그고 모여서 공포에 떨고 있는 제자들에게 부활한 예수께서 다시 돌아온 것이다. 예수께서는 자신이 들려 올려진 후 제자들에게 돌아오겠다고 한 약속을 지킨 것이다(요 14:3, 18-19). 돌아온 예수는 제자들에게 평강을 준다. 인간의 실존은 불안과 공포에 있을 수밖에 없다. 부활한 그리스도는 우리에게 불안과 공포를 가져다 주는 사탄의 세력을 꺾었기에 평강을 줄 수 있는 것이다. 이 평강은 부활한 그리스도가 우리에게 주는 구원을 가리킨다.

제자들이 십자가에 못 박힌 예수께서 부활하여 자신들에게 돌아온 것을 알아보고 기뻐하자, 예수께서 그들에게 다시 평강을 주시고 "아버지께서 나를 보내신 것같이 나도 너희를 보내노라(21절)"고 한다. 부활한 주의 나타남은 항상 선교 명령을 동반하는 것이 신약성경의 공통점이다(마 28:16-20; 막 16:14-18; 눅 24:44-53; 행 1:6-8; 갈 1:15-16). 요한복음은 여기 이 선교 명령을 '**보냄의 형식**'으로 표현한다. '보냄의 형식,' 즉 예수 자신이 아버지에게서 보냄받은 아들이라는 사실과 하나님은 예수를 보내신 아버지라는 사실이 요한복음에 자주 나온 것을 우리는 이미 살펴보았다. 보냄 형식에서, 보냄받은 자(the sent one; the agent)는 보낸 자(the sender; the commissioner)와 같다. 그래서 보냄받은 자는 보낸 자의 전권 대사이다. 마찬가지로 예수께서 보냄받은 아들로서 보내신 아버지의 전권을 대행하는 분이다. 때문에 아들 예수는 그를 보내신 아버지를 고스란히 계시할 수 있었고, 아버지의 권세를 행사해서 아버지가 하시는 생명의 일을 행했다.

이제 부활한 예수는 자신의 제자들을 파송한다. 그래서 자신이 하나님 아버지의 전권 대사 노릇을 하였듯이, 제자들 곧 교회로 하여금 자신의 전권 대사가 되게 한다. 이리하여 교회는 그리스도의 권세를 대행하는 것이고 그리스도를 고스란히 드러내는(계시하는) 일을 한다.

이런 엄중한 임무를 교회는 스스로 감당할 수 없다. 그래서 부활한 그리스도는 제자들에게 성령을 불어 넣어 주신다(22절). 이것도 예수의 약속 성취다. 예수가 자신이 높임 받은(죽음) 후 성령을 주겠다고 한 약속의 성취다(요 7:39; 16:7). 성령은 그리스도의 영으로서 그리스도의 숨으로 표현된다. 이렇게 부활한 예수께서 제자들(교회)에게 성령을 주어 선교 임무를 감당하도록 파송하는 본문을 요한복음의 오순절이라고 한다. 부활한 주께서는 성령으로 하여금 교회 가운데 계속 거하게 함으로써 그들 가운데 그리스도의 사역을 계속하고, 또 교회를 통해 이 세상에서 그리스도의 사역을 계속하게 한다. 교회가 그리스도의 파송받은 자들로서 그리스도를 대표하고 그리스도의 권세를 행사하고 그리스도의 일을 계속하며 그리스도를 계시하는데, 이것은 오로지 그리스도의 영인 성령을 힘입어 할 수 있다. 이것을 위해서 성령을 주신 것이다.

교회가 그리스도의 일을 계속할 때, 대표적인 일은 바로 **죄 용서**이다 (23절). 교회는 복음을 선포함으로써 십자가에서 완성된 그리스도의 속죄 사역을 계속하게 된다. 교회는 십자가에서 이루어진 그리스도의 대속적 죽음의 '복음'을 선포하여, 사람들이 죄 씻음을 받고 하나님께 회복되어 하나님의 생명(영생)을 얻게 한다. 교회가 접한 이 복음을 듣고 믿는 자들은 죄 용서와 영생을 얻고, 그것을 거부하는 자들은 자신들의 죄와 죽음에 남게 된다. 그러므로 교회는 죄 용서의 전달자이고, 사람들의 구원과 멸망의 열쇠를 쥐고 있다고 할 수 있다.

11) 도마의 고백(20:24-29)

부활하신 예수가 오셔서 제자들을 파송할 때 그 자리에 없었던 도마는 후에 그 소식을 듣고 믿지 못하겠다고 한다. 팔일 후 예수께서는 모여 있는 제자들 가운데 다시 오셔서 도마에게 자신의 못 박혔던 손과 발을 보여 주며 믿음을 촉구한다. 그러자 도마는 예수께 "나의 주시며 나의 하나님이시니이다!" 하고 신앙을 고백한다(요 20:28). 이 신앙 고백이 요한복음의 클라이맥스다. 요한은 예수의 계시와 구원 사역을 자신이 증거하는 것은, 사람들로 하여금 이 진리를 터득하고 그것에 대한 믿음을 고백하도록 하기 위해서라고 서문에 암시했다(요 1:43-51). 이제 그 증거를 마치면서, 예수의 계시와 구원 사역을 그의 표적들과 그것들에 대한 강해부터 그의 '들려 올려짐'(영광 받음, 즉 죽음과 부활)까지 줄곧 체험한 도마가 예수의 제자들을 대표해서 "나의 주요 나의 하나님이시여!"라고 신앙고백한 것을 기록한다. 요한은 그렇게 함으로써, 자기가 이 복음서에 기록한 예수의 계시와 구원 사역을 읽은 우리도 도마같이 이 진리를 터득하고 이 신앙을 고백하라고 권고하는 것이다. 그는 주 예수께서, 부활한 예수의 몸을 직접 보지 못했으나 교회나 이 복음서가 그에 대해 증거한 것만 듣고도 그냥 믿는 자들이 더 복되다고 하셨음을 덧붙임으로써(요 20:29) 이 권고를 강조하면서 자신의 증거를 마친다.

12) 요한복음을 기록한 목적(20:30-31)

이리하여 요한은 예수 그리스도에 대한 증거를 마친다. 그러나 그는 맺는 말로 복음서 기록 목적을 명백히 밝혀 우리에게 예수에 대한 신앙고백을 다시 한 번 촉구한다. 그가 예수의 계시와 구원 사역을 기록한 것은 독자들로 하여금 "예수가 그리스도, 곧 하나님의 아들이라는 것을 믿고, 그것을 믿음으로 말미암아 그의 이름으로 생명을 얻도록 하기 위해서"(요 20:31)였다. 요한은 이 복음서를 통해 예수께서 표적들과 가르침으로, 궁극적으로는 대속과 새 언약의 제사로서의 죽음으로, 하나님을 계시하고 우리를 위한 하나님의 구원을 완성하신 메시아(그리스도), 즉 종말의 구원자임을 보여 주었다. 다시 말해, 요한은 예수께서 하나님으로부터 보냄받아 하나님을 계시하고 하나님의 구원을 대행하는 하나님의 아들임을 증거하였다. 이 예수 그리스도, 하나님의 아들을 믿으면 우리는 그의 계시에 따라 하나님을 알게 되고 그의 대속과 새 언약의 제사를 덕 입어 의로운 하나님의 백성, 곧 하나님의 자녀들이 되어 창조주 하나님의 '상속자'가 된다. 그리하여 우리는 우리의 피조물적 제한성을 넘어 초월자 하나님의 무한과 영원에 참여하게 된다. 곧 하나님적 생명(영생)을 얻게 된다. 요한은 우리가 이런 신앙에 도달하여 참구원을 얻도록 하기 위해 그의 복음서를 썼다는 것이다.

요한복음의 부록(21장) 강해

21 장은 부록이다. 부활한 예수께서 다시 제자들에게 나타나 선교 사명을 고취한 것을 내용으로 한다. 제자들로 하여금 물고기 153마리를 잡게한 사건은, 그들 곧 교회가 온 세상에 나아가 복음을 선포해서 모든 민족으로부터 하나님의 새 백성을 불러 모아야 함을 상징한다. 이런 임무와 권한을 교회에 주었는데, 그 교회의 대표가 바로 베드로이다. 베드로가 모든 교회의 대표로서 온 세상에 복음을 선포하여 만방에서 하나님의 백성을 모으고, 그들 곧 그리스도의 양 떼를 치는 목양 일을 해야 한다. 베드로가 예수를 세 번 부인한 것을 속죄하도록 하기 위해, 부활하신 주 예수는 세 번 되풀이하여 베드로에게 "네가 나를 사랑하느냐?"고 물으시고, 베드로가 "나는 당신을 사랑합니다" 하는 신앙 고백 같은 서약을 세 번 되풀이하게 한다. 이렇게 사랑의 서약을 세 번 되풀이하는 베드로에게 주께서는 "내 양 떼를 치라"는 위임을 세 번 되풀이하여 주신다. 더 나아가 주께서는 베드로가 이 위임을 수행하기 위해 순교하기까지 자신을 따를 것을 말씀하신다(요 21:15-19).

이 본문에서 요한은 '사랑하다'는 뜻을 가진 두 동사 agapao와

phileo를 쓰는데, 어떤 설교자들은 이 본문에서 agapao와 phileo의 의미가 다르다고 주장하면서 얼핏 보기에는 그럴싸한 설교를 만들어 낸다. 그러나 이는 요한복음 전체에 대한 이해가 부족하고 본문을 정확히 관찰하고 해석할 줄 모르는 데서 나온 결론이다. 요한복음은 전체에서뿐 아니라 이 구절에서도 두 동사는 완전히 동의어로서 오로지 문체적 변화를 위해서 번갈아 쓰였을 뿐이다.

마지막으로, 요한복음이 "예수께서 사랑하신 제자"의 증거요, 기록임을 나타내고, 그의 증거를 받은 그의 제자들('우리' : 24절), 어쩌면 그의 증거를 더욱 묵상하고 해석하고 발전시켜 지금의 요한복음서를 쓴 교회 지도자들이 그의 증거가 참됨을 확인한다(요 21:24).